# ÉTUDES

SUR

# LE PARIS D'AUTREFOIS

ARTHUR CHRISTIAN

# ÉTUDES
SUR
# LE PARIS D'AUTREFOIS

LES DEMEURES ROYALES
LES DEMEURES ARISTOCRATIQUES

PARIS

G. ROUSTAN
QUAI VOLTAIRE, N° 5

CHAMPION
QUAI VOLTAIRE, N° 9

MDCCCCV

# PREMIERE PARTIE

# LES
# DEMEURES ROYALES.

---

## CHAPITRE PREMIER.

### LE PALAIS DES THERMES
### ET LE PALAIS DE LA CITÉ.

L'histoire des demeures royales! mais c'est en abrégé l'histoire même du développement progressif de la ville depuis le temps où celle-ci se renfermait dans l'étroite limite de l'Île avec le palais de la Cité & son faubourg sur la rive gauche, dominé par le palais des Thermes. Plus tard, elle renforçait l'enceinte de Philippe Auguste du puissant donjon du Louvre, ou élevait, au gré des fantaisies royales, l'hôtel Saint-Paul & le palais des Tournelles, sur le chemin qui conduisait à Vincennes, cette «maison des champs» de la dynastie capétienne. Les choses en restèrent là jusqu'au jour où les Valois, par un revirement subit qui reportait vers l'ouest le courant de l'extension urbaine, ajoutèrent au Louvre transformé les Tuileries, préludant ainsi au mouvement qui allait conduire les Bourbons jusqu'à Saint-Germain & à Versailles. L'histoire des demeures royales est donc, en quelques mots, toute l'histoire de la royauté nationale avec ses luttes & ses révolutions, son faste & sa gloire artistique. Mais on peut dire que c'est aussi celle des exactions & des souffrances du peuple sur lequel trop souvent pesèrent le poids & les frais de cet éclat extérieur.

Le *palais des Thermes* n'est peut-être pas le premier en date, mais du moins il est celui qui nous à laissé les fragments les plus importants d'une antiquité bien établie, et c'est par ce titre qu'il mérite que nous nous étendions un peu sur son histoire.

Dès le IV$^{e}$ siècle nous trouvons au sud de la Seine un palais impérial qui doit son nom à ces *thermes* ou bains chauds, indispensable accessoire de toute maison opulente à l'époque romaine.

L'addition du nom de Julien au *palais des Thermes* est relativement moderne. C'est le libraire Corrozet, qui publia, en 1533, une description de la capitale intitulée : *Fleur des antiquités & singularités de la noble & triomphante ville & cité de Paris,* dans laquelle il déclara, le premier, que les *Thermes* de Paris avaient été construits par Julien. Cette opinion est sans fondement, mais, n'ayant jamais été combattue, elle s'est maintenue jusqu'à nos jours.

En janvier 1902, un professeur à la Faculté de Bordeaux, M. Jullian, a présenté à l'Académie des inscriptions & belles-lettres une note dans laquelle il tendait à prouver que le *palais des Thermes* était déjà, du temps de Julien, à l'état de ruines, vestiges imposants d'une époque disparue.

C'est peut-être exagérer les choses, bien qu'en réalité la construction de cet édifice doive être attribuée à un souverain qui, pendant un assez long séjour dans les Gaules, y a joui du calme nécessaire à une pareille entreprise. Dulaure, dans son *Histoire de Paris,* a parfaitement démontré que seul Constance Chlore réunit bien ces convenances.

En effet, durant quatorze ans consécutifs, depuis l'an 292 jusqu'en 306, il séjourna dans notre contrée. Collègue de Dioclétien, il y régna en qualité de césar, puis en celle d'auguste.

Aucun empereur avant & après Constance Chlore n'est resté aussi longtemps dans les Gaules. Son règne fut paisible & l'histoire pendant sa durée n'offre aucun événement capable d'empêcher l'exécution d'une telle construction. Il est donc permis de supposer qu'alors que Dioclétien faisait élever un magnifique palais des Thermes à Rome, Constance Chlore suivit cet exemple à Lutèce. Car, dans cette région & dans les métropoles des provinces, il existait bien des bâtiments appelés *prétoires,* mais non des palais pour la résidence des empereurs qui, jusqu'alors, n'y avaient jamais résidé. Il fallait donc un palais impérial à un empire nouveau, & Constance eut le besoin & le temps d'en construire un. On peut ajouter qu'une autre considération peut concourir à la confirmation de cette opinion & à déterminer à peu près l'époque de la construction des Thermes de Paris. Le genre de l'architecture & de la maçonnerie des Thermes de Dioclétien, à Rome, a des conformités frappantes avec celui de l'architecture & de la maçonnerie des Thermes de Paris. Donc ces deux édifices peuvent être contemporains & ce serait bien le grand-père de Julien, Constance Chlore, qui, vers la fin du IIIe siècle ou au commencement du IVe, aurait fait construire le palais dont nous admirons encore aujourd'hui les ruines sur le boulevard Saint-Michel.

Quoi qu'il en soit, Julien passa cinq hivers dans «sa chère Lutèce». Ce palais s'étendait certainement, suivant la constante habitude des Romains qui établissaient un fort sur chaque hauteur pour contenir les populations nouvellement soumises, jusqu'au sommet du *mont Lucotitius,* aujourd'hui la montagne Sainte-Geneviève.

Pareils à ceux de Rome, les *Thermes* de Paris contenaient plusieurs salles de bains, salles de jeux, théâtre avec galeries, salles d'exercices & de repos, etc., le tout agrémenté de vastes jardins.

Julien, dans son *Misopogon,* qu'il composa à Antioche, raconte un événement dont il faillit être victime dans ce palais : « Autrefois, dit-il, je passais mes quartiers d'hiver dans ma chère *Lutèce;* c'est ainsi que les Gaulois nomment la petite forteresse des Parisiens. » Et il ajoute qu'au cours d'un hiver très rigoureux il s'opposa d'abord à ce qu'on allumât les fourneaux destinés à réchauffer la chambre dans laquelle il couchait. Mais, le froid devenant plus âpre, il consentit enfin à faire sécher les murs couverts d'humidité. Il fit donc apporter des charbons ardents, « dont la vapeur, dit-il, l'incommoda beaucoup ».

Le même empereur, dans son manifeste adressé au Sénat d'Athènes, raconte les événements qui précédèrent son élévation à la dignité d'auguste. A plusieurs reprises il parle du palais des Thermes, où il résidait avec son épouse Hélène, quand il mentionne l'arrivée des troupes étrangères qui envahirent Paris. A ce sujet, il cite une certaine chambre, voisine de celle de sa femme, où il méditait sur les moyens d'apaiser les troupes environnant le palais. A ces détails, il y a lieu d'ajouter ceux que l'historien grec Zozime nous fournit au ve siècle dans son *Histoire romaine,* où il décrit les scènes tumultueuses dont les Thermes & leurs environs furent le théâtre. Il qualifie ce monument de *basilique* & raconte comment les troupes auxiliaires, venues du bord du Rhin pour se diriger ensuite de Paris sur les frontières de la Perse, résolurent d'élever le césar Julien à la dignité d'auguste. Impatientés par les refus de ce prince, les soldats se portèrent en masse aux *Thermes* &, furieux, brisèrent les portes du palais.

Ammien Marcellin, historien latin mort vers 390, nous donne encore de plus amples détails sur cet événement qui se passa en l'an 360. Il qualifie l'édifice qui nous occupe de *palatium* & de *maison royale*. De plus, il nous apprend que ce palais contenait des appartements secrets & des souterrains où Julien alla se renfermer, pour se dérober aux poursuites des troupes auxiliaires, qui craignaient qu'il ne renonçât à sa nouvelle dignité.

Il nous parle ensuite d'une salle consacrée aux délibérations, qu'il désigne sous le titre de *consistorium*, où Julien, après avoir cédé au vœu des troupes, tenait son conseil. Un instant on avait fait courir le bruit parmi les soldats que l'empereur était mort. C'est alors qu'ils firent irruption dans cette salle & finirent par s'apaiser en voyant le prince vivant & revêtu de ses nouveaux insignes. Cet auteur ajoute que celui qui avait répandu ce faux bruit de mort était le *décurion du palais*, dont la fonction éminente faisait partie des dignités impériales.

Cinq ans plus tard, les empereurs Valentinien & Valens vinrent séjourner tout un hiver au palais des Thermes. Trois de leurs lois contenues dans le code Théodosien sont datées de Paris.

C'est encore cette antique demeure, il est permis de le présumer, que désigne Grégoire de Tours, lorsqu'il retrace le sinistre épisode des rois Childebert & Clotaire, qui envoyèrent chercher, chez la reine Clotilde (sans doute fixée au palais de la Cité, dont nous parlerons plus loin), leurs neveux pour les massacrer & s'emparer de leurs biens.

Au VII^e siècle, le poète latin Fortunat décrit ce palais comme étant une *forteresse* remarquable par son élévation, & recommande aux Parisiens de chérir le roi Childebert qui résidait alors dans ce magnifique bâtiment. Le même poète nous donne la description des jardins qui entourent le palais & nous apprend que la reine Ultrogothe, après la mort de Childebert, continua d'y habiter longtemps encore, en compagnie de ses filles.

C'est à cette demeure que les moines de l'abbaye de Vézelay se rendirent pour se plaindre de la tyrannie du comte de Nevers. Au XIIe siècle, un titre daté de 1138, relatif à l'aumônerie de Saint-Benoît, porte que celle-ci était contiguë au *palais des Thermes.*

Citons aussi les poésies de Jean de Hauteville[1], très en vogue à Paris en 1180, & dans lesquelles nous trouvons un tableau enthousiaste & pompeux de cet édifice, qu'il qualifie d'*habitation des rois.*

« Ce palais des rois, dit-il, dont les cimes s'élèvent jusqu'aux cieux & dont les fondements atteignent l'empire des morts!... Au centre se distingue le principal corps de logis, dont les ailes s'étendent sur le même alignement &, se déployant, semblent embrasser la montagne! »

[1] Auteur d'une sorte d'encyclopédie en vers. Voir le poème de l'*Architrenius,* publié dans les *Rer. britann. scriptor. med. aevi,* LIX, 1, 240.

Guillot de Paris, qui a mis en rimes les rues de la grande ville, n'oublie pas de citer le palais des Thermes :

*Je m'en allai tout simplement*
*D'iluecques au* palais des Thermes.

En l'année 1676, un événement fit reconnaître les souterrains de ce palais, cités par Ammien Marcellin, souterrains qui s'étendaient jusqu'aux bords de la Seine. C'est dans la cour du couvent des Mathurins, construit sur une partie de l'emplacement des Thermes, qu'au XVIIe siècle eut lieu cette découverte, plus tard confirmée par M. de Caylus.

Après bien des transformations, ce monument architectural, le seul dont Paris puisse se glorifier pour la partie antique de son histoire, ces restes d'un palais des césars, qui, depuis seize cents ans, ont, avec succès, résisté à tous les moyens de destruction, étaient, en 1818, occupés par un tonnelier, qui avait rangé ses futailles dans les salles jadis habitées par les empereurs romains. La municipalité parisienne s'émut à juste titre de cet état de choses & y remédia enfin sous le ministère de M. Decazes.

Le *palais de la Cité,* d'où est sorti notre palais de justice, est un contemporain du précédent. Admirablement situé à la pointe occidentale de l'Île, d'où il dominait les deux bras du fleuve, relié au vieux rempart romain, il complétait, avec le Grand & le Petit Châtelet bâtis en tête du Grand & du Petit Pont, le système de défense de la Cité vers les deux rives. Dès l'époque gallo-romaine, c'était la résidence des Césars & des gouverneurs, qui y rendaient la justice, puis des rois mérovingiens & capétiens; allant d'une rive à l'autre, il se terminait à l'ouest par des jardins. La façade s'ouvrait, au centre, sur le *forum,* à la fois place publique & marché.

Sous le règne de Robert II dit *le Pieux* (996 à 1031), ce palais fut considérablement réparé & transformé. « Les officiers de sa cour, dit un contemporain, firent, par son ordre, bâtir à Paris un palais remarquable. » La construction terminée, Robert le Pieux voulut l'honorer de sa présence & il ordonna qu'au jour de Pâques des tables y fussent dressées pour fêter l'inauguration de cette nouvelle résidence par un somptueux banquet. Avant de commencer le repas, le roi se lava les mains. Alors, de la foule de pauvres qui le suivait, s'avança un aveugle qui lui demanda l'aumône. Le roi, en badinant, lui jeta de l'eau au visage. Aussitôt, à la grande admiration des assistants, l'aveugle recouvra la vue. «Ce miracle, dit l'écrivain qui raconte le fait dans le *Recueil des historiens de France,* honora le nouveau *palais de la Cité,* & y attira un grand concours de curieux.»

Au XIIIe siècle enfin, le palais de la Cité reçut la forme dont il est aisé, après tant d'accidents successifs, de retrouver les lignes principales: enceinte crénelée, portes sur la rivière, sur la ville, sur les jardins, oratoire, donjon central, logis royal, grands degrés, le tout défendu de distance en distance par des tours. La précaution n'avait rien de surprenant : en ces temps troublés, qui s'étendirent du XIe au XIIIe siècle, les nécessités de la défense primaient toute autre considération; tandis que les abbayes situées hors des villes étaient entourées d'enceintes crénelées & de fossés, les demeures du roi & des seigneurs, même dans les villes, ressemblaient à des forteresses. Tout le reste n'était qu'un assemblage de méchantes habitations ressemblant à des chaumières de village.

A l'intérieur, l'aspect n'était guère plus engageant, & l'on vivait pauvrement, même à la cour. L'aménagement y était fort sommaire : nulle trace de parquet, de marbre, de riches tapis : rien que de la paille. Écoutez le langage de Philippe Auguste dans un acte que nous traduisons littéralement : «Pour le salut de notre âme & de celle de nos ancêtres, & dans des vues de piété, nous accordons, pour l'usage des pauvres demeurant à l'Hôtel-Dieu de Paris situé devant la grande église de Notre-Dame, toute la paille de notre chambre & de notre maison de Paris, toutes les fois que nous quitterons cette ville pour aller coucher ailleurs [1]. »

C'est ce palais si peu confortable qu'habitait le même roi, lorsque, s'approchant un jour de la fenêtre «pour Saine regarder & pour avoir recreation de l'air» [2], au moment où des charretiers qui traversaient la rue voisine en agitaient la boue, il fut incommodé par l'odeur qui s'en

[1] Félibien, Histoire de Paris, *Preuves*, t. I, p. 249.

[2] Voir *Les Grandes Chroniques de France*, édit. P. Paris, t. IV, p. 34.

dégagea & interrompit brusquement ses contemplations. Cette mésaventure fut le point de départ d'une des réformes de ce règne la mieux faite pour frapper l'esprit populaire : Philippe manda le prévôt des marchands & l'invita à entreprendre sans délai le pavage de sa bonne ville. Ce fut le premier en date [1].

Deux portes donnaient accès aux *cours du Mai* & de la *Sainte-Chapelle.* Dans la première, les degrés & le perron qui les couronnait donnaient accès au vestibule.

Quant à la *Sainte-Chapelle,* telle qu'elle existe encore à l'heure actuelle, un sanctuaire moins important l'avait précédée au temps de Robert II qui, lors des transformations diverses apportées par ses soins au *palais de la Cité,* avait fait construire, dans l'enceinte de ce palais, une première chapelle placée sous le vocable de

[1] Des fouilles exécutées dans la rue Saint-Denis ont naguère mis au jour des restes de ce pavé : c'étaient des dalles ou *carreaux* en grès de trois pieds de côté sur six pouces d'épaisseur. Les eaux s'écoulaient au milieu de la rue : pas de trottoirs, comme dans les rues romaines; des bornes protégeaient le mur des maisons. Le milieu de la chaussée en était donc la partie la plus dédaignée; de là les expressions : *être sur le pavé, rester sur le carreau,* & le *carreau des Halles.*

*saint Nicolas.* Nous trouvons ce détail dans le traité d'histoire du moine Hugues de Fleury qui, après avoir dénombré les diverses églises dont Robert II fut le fondateur, ajoute : « Enfin il fit bâtir à Paris, dans son palais, l'église de Saint-Nicolas. »

Cette chapelle fut reconstruite en 1160 par Louis VII, dit *le Jeune,* puis démolie & réédifiée par Louis IX, en 1242. Voici les événements qui amenèrent Louis IX à faire cette nouvelle construction :

Baudouin, empereur de Constantinople, vendit à Louis IX la couronne d'épines qui avait, dit-on, servi à la passion de Jésus-Christ. Cette relique coûta près de cent mille francs, nous déclare l'historien de saint Louis, confesseur de la reine Marguerite, & cependant une autre couronne d'épines, qui pareillement avait servi à la même passion, existait depuis longtemps parmi les reliques conservées à l'abbaye de Saint-Denis. Dans deux processions générales, l'une en 1191, à l'occasion de la maladie du fils de Philippe Auguste, l'autre en 1206, pour diminuer un débordement de la Seine, on a vu les religieux de Saint-Denis transporter à Paris, entre autres reliques, une *sainte couronne d'épines de Notre Seigneur.*

Ainsi, il est bien évident que Baudouin dupa le roi de France & se joua de sa dévote crédulité! Bref, quelle que soit la vraie couronne, celle que Louis IX avait aussi chèrement achetée arriva d'Orient le 10 août 1239 & fut déposée à Villeneuve-l'Archevêque, où ce roi & toute sa famille se rendirent en grande solennité. Trois cassettes, l'une dans l'autre, contenaient cette relique : la première était de bois, la seconde d'argent & la troisième d'or. Elles furent toutes trois ouvertes, &, aux yeux du public curieux, on exposa cette rareté. De cet endroit elle fut ensuite portée par le roi, par Robert, comte d'Artois, & par plusieurs seigneurs qui marchaient nu-pieds, jusqu'à la ville de Sens. Enfin, huit jours après, cette couronne & son cortège arrivèrent à Paris. On fit une nouvelle station à l'abbaye de Saint-Antoine-des-Champs. Là, un échafaud fut dressé en pleine campagne &, au milieu d'une pompe magnifique, la couronne fut exposée aux regards des Parisiens. Enfin, le jeudi 18 août 1239, le roi se dépouilla de ses habits royaux &, vêtu d'une simple tunique, pieds nus, se chargea, avec son frère Robert, de porter sur les épaules la relique jusqu'à la cathédrale de Paris. De cette église elle fut transportée, toujours en tête d'un cortège extraordinaire, à la Sainte-Chapelle de *Saint-Nicolas*, dans l'enceinte du palais de la Cité.

Quelques mois après, Baudouin, voyant que le commerce des reliques lui était profitable, fit à nouveau proposer au roi de France la vente de plusieurs autres, dont le libraire Corrozet nous a laissé la liste. Ces nouvelles reliques furent reçues à Paris le 14 septembre 1241, avec la même mise en scène & le même respect qui avaient accompagné la réception de la couronne d'épines.

Pour loger dignement tant de richesses, Louis IX résolut alors de faire construire une nouvelle Sainte-Chapelle. Commencée en l'an 1242, elle ne fut achevée qu'en 1248. Pierre de Montreuil, le plus habile architecte de ce temps, celui qui a su faire valoir avec le plus de goût les élégantes formes de l'architecture sarrasine, improprement appelée *gothique*, fut chargé de l'exécution de ce travail.

Dans cette construction on peut dire que Pierre de Montreuil a laissé un bel exemple de son talent, tant est parfait ce morceau d'architecture remarquable. Mais laissons la parole à l'historien de saint Louis, déjà cité :

« Pour lesquelles reliques, dit-il, il fist fere la chapele à Paris, en laquele l'en dit que il despendit bien quarante mille livres de tournois & plus. Et il ben aiez roi aourna d'or & d'argent & de pierres precieuses & d'autres joiaux. Les lieux & les châsses où les saintes reliques reposent. Et croit l'en que les aournemenz desdites reliques valent bien cent mille livres de tournois & plus. »

Bâtie sur l'emplacement de l'ancienne chapelle Saint-Nicolas, cette nouvelle chapelle est double, c'est-à-dire à deux étages. La chapelle inférieure était destinée aux habitants de la cour du Palais & dédiée à la Vierge. Quant à la chapelle supérieure, elle était dédiée à la Sainte-Couronne. Cette division était due à ce que les rois, les hauts barons, les évêques, les abbés, etc., étaient si persuadés de leur supériorité sur le vulgaire qu'ils auraient cru s'avilir & compromettre leur dignité en priant leur Dieu dans la même église que celle où priaient les gens des classes inférieures de la société.

Félibien, qui écrivait au commencement du XVIIIe siècle, évalue la dépense de cette chapelle, le prix des reliques & de leurs ornements divers, *à trois millions,* valeur de son temps. Il faudrait évidemment aujourd'hui doubler ce chiffre pour avoir, en valeur actuelle, l'estimation exacte des dépenses que fit Louis IX pour cette chapelle & tout ce qu'elle renfermait.

Bien des souvenirs, ici, malgré les inévitables transformations des siècles, nous rappellent le temps où saint Louis, « vêtu d'une cote de camelot, d'un seurcot de tyreteinne, mout bien pigniez & sanz coife, & un chapel de paon blanc sus sa teste »[1], rendait la justice au petit peuple, soit dans le vestibule du côté nord, entre les deux tours de César & du Trésor, soit dans le jardin voisin, « & fesoit estendre tapis pour nous seoir entour li ». Dans l'aile sud qu'habitait le bon roi, une partie du rez-

[1] Voir la *Chronique* de JOINVILLE, éd. de Wailly, par. 60.

de-chaussée du XIII^e siècle subsiste encore avec ses galeries obscures : les *cuisines de saint Louis,* grande salle avec quatre cheminées gigantesques, & les *tables de charité* où il servait les viandes aux pauvres.

Depuis le début du XIII^e siècle, les embellissements se poursuivirent dans la résidence royale, «ce neuf palais de merveilleuse & coustable œuvre, le plus bel que nul, si nous créons, en France oncques vist», jusqu'à Philippe le Bel : c'est son ministre, le fameux Enguerrand de Marigny, qui divisa la *Grand Salle* du premier étage, aujourd'hui salle des Pas-Perdus, en deux nefs par une rangée de sept piliers, la fit peindre d'azur & d'or, & l'entoura des statues de tous les rois depuis Pharamond, sculptées par les premiers *ymagiers en pierre* du temps. Mais il ne s'en tint pas, l'imprudent ambitieux, aux ordres reçus : la noblesse de cour lui reprocha amèrement d'avoir dressé sa propre statue non loin de celles des rois, & il semble bien que la catastrophe qui le frappa au début du règne suivant fut due, pour une bonne part, aux rancunes de ses envieux.

Sans le moindre luxe dans sa construction,

couverte d'une simple charpente en bois, cette *grand salle*, telle qu'en possédaient dans leurs châteaux la plupart des hauts barons, servait lors des grandes cérémonies : prestation de l'hommage des vassaux, réception des souverains ou ambassadeurs étrangers, fêtes publiques. A l'une des extrémités s'allongeait la fameuse *table de marbre* sans laquelle il n'était pas de banquet royal, aucune ripaille de têtes couronnées : les personnages de sang royal avaient seuls qualité pour s'y asseoir. Tous les seigneurs de moindre importance prenaient place à des tables particulières. En 1254, Louis IX reçut à Paris la visite du roi Henri III d'Angleterre, qui était descendu à la Tour du Temple & lui avait offert un grand repas. Le roi de France voulut à son tour traiter son frère d'Angleterre au palais de la Cité, & insista pour qu'il y passât une nuit. «Je suis ici dans mon royaume, fit-il en souriant, & je veux à mon tour y être le maître[1].»

Cinq ans après, en 1259, nouveau séjour du roi Henri à Paris : le 4 décembre, dans la *Grand Salle* du Palais & en présence des deux

[1] *Chronique* de M. Paris, trad. par Huillard-Bréholles, t. VIII, p. 86.

cours, il rendit hommage au roi de France pour son duché d'Aquitaine.

A la Pentecôte de 1313, Philippe le Bel arma chevaliers ses trois fils Louis, Philippe & Charles, au milieu de fêtes auxquelles assistèrent le roi Édouard II & sa femme Isabelle, fille du roi Philippe. Elles durèrent plusieurs jours & se terminèrent par un grand cortège des bourgeois de Paris & des corps de métier qui se rendirent en bon ordre, « à grand joie & à grand noise, au son des trompes, taborins, buisines & menestriers », de l'Île Notre-Dame, par le cloître, jusqu'au palais où le roi & toute la cour étaient aux fenêtres pour les voir défiler (1).

D'après Jean de Saint-Victor, un contemporain, ils comptaient 30,000 hommes de pied & 20,000 cavaliers.

(1) *Les Grandes Chroniques de France*, éd. P. Paris, t. V, p. 198.

# CHAPITRE II.

## LE CHÂTEAU DU LOUVRE. — LES TUILERIES. LE PALAIS-ROYAL.

Depuis la fin du XII^e siècle, Philippe Auguste avait entouré Paris d'une nouvelle enceinte; cela ne lui suffit pas encore, &, selon certains auteurs, c'est lui qui y encastra une demeure féodale à laquelle il donna le nom de *Louvre.*

Mais rien ne prouve que ce soit réellement là l'origine de ce château, & l'histoire, sur ce point, tout comme pour le *palais des Thermes,* est restée assez obscure. «Les uns, dit M. Vitet, attribuent à Childebert, les autres seulement à Louis le Gros les premiers fondements de ce palais; ceux-ci en font d'abord un rendez-vous de chasse, de louveterie ou *Lupara;* ceux-là, en font dès l'origine un château fort, un moyen de commander la rivière en face de la cité. Ce qui paraît probable, c'est qu'il existait là avant Philippe Auguste un castel fortifié, que ce roi y fit de grands changements, le reconstruisit même en entier, mais qu'il n'en fut pas le fondateur. Les historiens du temps désignent sans cesse la grosse tour bâtie en 1204 par ce prince sous le nom de la *Tour neuve,* ce qui constate évidemment l'existence d'autres tours plus anciennement construites. C'est en 1204 que pour la première fois le nom de Louvre est officiellement prononcé. Jusque-là le champ est ouvert aux conjectures.

Plus encore que la date de fondation du Louvre, la recherche de l'étymologie de son nom a été, pour les érudits, l'objet de recherches nombreuses. Pourtant il paraît certain que le terrain sur lequel fut élevé ce château s'appelait le *Louvre* (nom celtique, semble-t-il), bien avant que Philippe Auguste y fît construire la tour mentionnée par M. Vitet. Une charte de l'an 1215, citée par Sauval, porte que Henri, archevêque de Reims, fit construire une chapelle à Paris dans un lieu dénommé *Louvre.* D'où venait ce nom? Du Haillan a imaginé que, «le château du Louvre étant un des plus beaux édifices de la France, Philippe Auguste l'appela ainsi parce que, dans le langage du temps, le mot *Louvre* signifiait *l'œuvre,* comme qui *diroit quasi-chef-d'œuvre*».

L'opinion de Sauval, quoique offrant bien peu de vraisemblance, a été adoptée par l'abbé Lebœuf & par Jaillot; cet annaliste affirme qu'un vieux glossaire latin-saxon traduit le mot *castellum*, c'est-à-dire château fort, par le mot *leouar*, qui se serait, au cours des ans, transformé en *Louvre*. A cette liste d'étymologies diverses, nous ajouterons encore l'opinion assez répandue qui tire le mot Louvre de *Lupus* ou *Lupara*, s'appuyant sur ce que, dans l'origine, ainsi que nous le disions plus haut, ce château royal était un rendez-vous de chasse situé au milieu d'une forêt très fréquentée par les loups.

Quoi qu'il en soit, destiné à faire face à l'ennemi du dehors & à imposer respect aux Parisiens, il tenait, suivant l'usage général du moyen âge, par un seul côté à la ville, & communiquait par l'autre avec la campagne. Ce ne fut rien de plus, à l'origine, qu'un énorme donjon de trente-deux mètres de haut, où le roi, en sûreté derrière des murailles de douze pieds d'épaisseur, centralisait ses archives, son trésor, recevait l'hommage de ses vassaux, à l'occasion jetait même dans les fers les vassaux révoltés ou traîtres à leur suzerain. Cette prison, ce fut le comte Ferrand de Flandre, le prisonnier de Bouvines où il combattit avec les ennemis de la France, «qui l'estrena».

*Quatre ferrans*[1] *bien ferrés*
*Traînoient Ferrand bien enferré*[2].

Il y resta douze ans avant d'être mis «hors de geôle».

Cette *tour neuve,* ou *tour Ferrand,* s'élevait au milieu d'une enceinte rectangulaire de bâtiments défendus eux-mêmes par des tours rondes : *tour de la Librairie,* du *Milieu;* vers les jardins, de la *Taillerie,* de la *Grande Chapelle,* du *Coin,* de l'*Artillerie,* du *Fer à cheval;* vers la rivière, de l'*Horloge,* de la *Fauconnerie,* de la *Tournelle,* de l'*Ecluse,* & entourés de fossés qu'alimentait la Seine. Deux portes principales, protégées par des tours, s'ouvraient, l'une à l'est, sur la ville & la muraille, l'autre, au sud, sur le fleuve. Au nord & à l'ouest, de simples poternes donnaient sur la campagne.

(1) *Ferrand,* cheval gris.

(2) *Chronique rimée* de Phil. Mouskés, éd. par Reiffenberg.

Le donjon comptait à chaque étage huit fenêtres de quatre pieds de haut & trois de large, protégées par des treillis.

Après Philippe Auguste, chacun de ses successeurs contribua pour sa part à la transformation graduelle du Louvre. Philippe le Bel y établit des lices, &, Philippe le Long, une ménagerie pour ses lions[1].

[1] C'est lui aussi, nous apprend M. Douët d'Arcq (voir le *Nouveau recueil des comptes de l'Argenterie,* publié par la Société de l'Histoire de France, Préface), qui gardait à l'étage supérieur de la grosse Tour du Louvre un grand dépôt de draps d'or & de soie. L'habitude d'entasser des valeurs improductives, métaux précieux, joyaux, riches étoffes, tenait à l'ignorance économique du moyen âge. A la fin du VI^e siècle, Frédégonde, mariant sa fille Rigonthe à un prince espagnol, lui donna une quantité fabuleuse d'or, d'argent & de vêtements précieux : cinquante voitures suffirent à peine à transporter le tout. Il est vrai que la pauvre fiancée fut entièrement pillée au cours de son voyage. Devant l'étonnement de Chilpéric & des leudes présents, Frédégonde observa : «Ne pensez pas que ces richesses proviennent du trésor des anciens rois Francs; elles sont le fruit de mes revenus, des dons du roi & de ma bonne administration» (Grégoire de Tours, *Hist. des Francs,* l. VI, ch. XLV). Les rois Francs transportaient à leur suite & gardaient sous la main un trésor, fruit de leurs pillages à la guerre ou de leurs exactions. Clovis ayant fait assassiner successivement plusieurs petits rois Francs, Grégoire de Tours, qui relate ces faits, conclut chaque

C'est Charles V qui laissa au vieux Louvre du moyen âge l'empreinte la plus marquée de son activité. Il fut «un sage artiste, nous apprend Christine de Pisan, & bien le monstroit en devisant ses édifices»[1]. L'impartialité nous oblige à confirmer ce jugement & à rendre hommage à l'activité de ce roi qui continua les travaux de Philippe Auguste dans le vieux château & entreprit ceux de l'hôtel Saint-Paul. «Le chastel du Louvre à Paris fist edifier à neuf moult notable & bel édifice.» Au début de sa régence, il continua bien à habiter l'ancien palais. Lors de sa tragique entrevue avec la population parisienne conduite par le prévôt Étienne Marcel, en février 1358, le jeune régent y occupait l'étage supérieur «sur les merceries», c'est-à-dire au-dessus de la galerie des merciers construite par Philippe le Bel[2]. Après la chute

fois par cette remarque : «Il s'empara de leurs trésors.» Les exemples de cette pratique persistent jusqu'au XIV^e siècle. Dès la mort de Charles V, son frère, le duc d'Anjou, courut à Melun & se fit livrer le trésor du feu roi caché dans la muraille du château.

[1] Voir le *Livre des frais du roy Charles V*, ch. XI.

[2] Les agrandissements exécutés par ce prince ne suffisaient déjà plus à loger les cours souveraines en même

du malheureux prévôt, le dauphin acheva le nouveau mur d'enceinte commencé par l'administration qui venait de succomber, le dirigeant du nord au sud suivant une ligne qui relierait aujourd'hui le guichet de Rohan, la place du Carrousel & le guichet du quai au pont des Saints-Pères. Le Louvre était, dès lors, complètement englobé dans l'enceinte parisienne. A l'abri d'un assaut de l'ennemi, la rude forteresse était prête à se transformer & à recevoir tous les embellissements que comportait sa nouvelle condition, celle d'un palais de ville.

Le jeune prince trouvait le Louvre trop bas : il commença par en exhausser les ailes de 10 à 12 mètres, les couronna de terrasses, augmenta le nombre des logements & les rendit

temps que le roi. On avait donc surélevé le premier étage, & c'est dans ces nouveaux appartements, sous les combles, que logeait alors le dauphin. Les mots de sa biographie : «le roy Charles V fut logié es chambres & *galatois* que son père, le roy Jehan, fist faire», désignent simplement un logement à l'étage supérieur, & non pas, comme dans notre langue moderne, une chambre misérable ou *galetas*. Dans le poète Eust. Deschamps, c'est, au contraire, la partie la plus importante d'un château.

plus commodes; bref, tout l'édifice adopta une physionomie plus moderne. Les deux nouveaux escaliers tournants, les *vis,* avaient été l'objet de soins tout particuliers : l'un, de 83 marches, desservait les quatre étages, l'autre, de 41 marches, montait jusqu'à la terrasse. Pour les achever, comme si les carrières de la banlieue n'eussent plus suffi, on fut, remarque Sauval, «obligé de troubler le repos des morts» au profit des vivants, & de prendre dix pierres tombales dans le cimetière des Innocents. Du reste, le «maistre des œuvres», le célèbre Raymond Du Temple fit de son mieux : il décora la cage de l'escalier de dix grandes statues de pierre placées dans des niches, chacune reposant sur un piédestal & surmontée d'un dais : statues du roi, de la reine & des princes de leurs familles. A chaque palier s'offrait un banc ou *reposoir* «afin que le roi peust se reposer en montant». Enfin la *vis* se terminait par les statues de la Vierge & de Jean-Baptiste, & sa voûte était ornée elle-même des armes royales.

La plupart des appartements furent remis à neuf ou subirent une profonde transformation :

parmi ceux qui bordaient la grande cour intérieure, c'étaient la *grande salle de saint Louis*, seul souvenir de ce roi dans le château pour lequel il n'avait jamais témoigné grand intérêt, la *salle neuve du roi*, la *salle neuve de la reine*, la *chambre du conseil*, & une *salle baſſe* dont le roi fit, en 1366, orner les parois de peintures figurant des oiseaux, des cerfs au milieu de paysages. Sous la voûte de la grosse tour, se trouvait la chambre du trésor particulier du roi, dont s'empara le rapace duc d'Anjou. « Il fu saisis de tous les jeuiaulx du roi son frère, dont il avoit sans nombre », nous raconte Froissart[1].

Enfin la chapelle, car on ne pouvait concevoir de château royal sans chapelle, la chapelle, disons-nous, dédiée à la Vierge, était surmontée d'un petit clocher en menuiserie. Au-dessus de la porte, un grand fronton gothique, orné d'une image de la Vierge & d'anges portant des encensoirs ou jouant de divers instruments, supportait les armes du roi & de la reine. A l'intérieur, treize statues de prophètes étaient dressées le long des parois. Des jardins

(1) Edit. Luce & Raynaud, l. II, par. 168.

qui s'étendaient au sud, du côté de la Seine, au nord, vers les rues Saint-Honoré & Froidmanteau[1], des cours bordées par la *maison du four,* la *paneterie,* la *saucerie,* l'*épicerie,* la *pâtisserie,* la *fruiterie,* le *garde-manger,* la *bouteillerie,* le *lieu où l'on fait l'hypocras,* constituaient les *communs* ou dépendances du ménage royal.

En voyant les rois du moyen âge consacrer tant d'efforts & d'argent à la construction ou à la rénovation de leurs châteaux, souvent y apporter un réel goût artistique, on est tenté de se figurer que la richesse de l'ameublement intérieur est à l'avenant. En réalité, ces demeures étaient généralement meublées d'une façon fort sommaire & uniquement en vue des besoins immédiats. A chaque déplacement du roi, & le cas était fréquent, on déménageait méthodiquement la demeure qu'il quittait pour meubler à peu près celle où il se rendait; il n'y eût trouvé en arrivant que des pièces vides & les quatre murs nus. Pour le surplus, l'antique *droit de prise* était là pour y faire face; il

[1] Elle allait, sur le côté occidental de la place du Palais-Royal, de la rue Saint-Honoré à la Seine. Les restes en ont disparu au commencement du XIX$^e$ siècle.

permettait aux officiers royaux de réquisitionner sans payement, sur les bourgeois & vilains du voisinage, tous les meubles & fourrages nécessaires à la maison royale, y compris, à l'occasion, les objets à leur convenance personnelle. C'était, toute périphrase mise à part, le *pillage légal,* dont Charles V réprima, par son intervention, les abus les plus criants.

Que savons-nous sur le mobilier & les jardins du Louvre au XIVe siècle? Ce sont les *Comptes royaux,* conservés en partie, qui répondront à cette question; les détails curieux que nous y recueillons sur les habitudes & la vie privée des hautes classes nous permettent de nous les représenter assez fidèlement.

Voici les chambres du roi & de la reine; les poutres y sont rehaussées de fleurs de lis en étain doré, les parois peintes « en manière de briques », les fenêtres défendues par des barreaux ou des treillis de fil d'archal, d'ailleurs garnies de vitres peintes d'images de saints ou de devises & des armes royales. Passons dans la *chambre de parade* du roi; les lambris sont peints en rouge, & la cheminée est surmontée des armes de France que soutiennent deux anges.

Les chambres de la famille royale sont toutes lambrissées de chêne, carrelées de terre cuite, jaune, verte, ou planchéiées & garnies de nattes. Les parois, comme partout, sont tendues de grandes tapisseries à personnages. Que les sièges sont grossiers! des escabeaux formés de panneaux de bois pleins, sortes de coffres ou de caisses; les plus luxueux seuls portent sur des pieds lourds comme des piliers; des bancs de dix à vingt pieds de long, les uns & les autres chargés de moulures. Autour de sa table, dans la grande salle du Louvre, Charles V a un banc qui ne mesure pas moins de vingt pieds de long & élevé de deux marches; il a même fait réparer « le viez banc Sainct Louis » qui date du bon roi. La reine seule a une chaise pliante en bois.

Voici encore un trait du temps : les lits sont énormes; ceux qui n'ont que six pieds en tous sens sont des *couchettes;* les *couches* atteignent jusqu'à douze pieds sur onze. Élevées sur des marches garnies de beaux tapis, couvertes de riches étoffes, elles forment de véritables alcôves.

La tour de la *Librairie,* qui se dressait à

l'angle nord-ouest du château, sur l'emplacement actuel du pavillon de l'Horloge, reçut en 1367 la collection de manuscrits laissés par le roi Jean au palais de la Cité. Le fonds ne comprenait guère alors qu'une douzaine de volumes, & ce fut l'honneur du jeune roi de n'avoir jamais cessé, durant tout son règne, de protéger & d'accroître cette belle collection à laquelle son nom est resté étroitement lié. Elle occupait les trois étages supérieurs comprenant chacun une salle de vingt-huit pieds de long, voûtée de bois de cyprès, lambrissée de bois d'Irlande. Les vitraux peints étaient protégés par des treillis de fil d'archal contre l'atteinte des oiseaux logés dans la tour voisine de la *Fauconnerie*. Les livres étaient couchés à plat, & suffisamment espacés pour être consultés sans obstacle. Pour la plupart richement reliés, garnis de magnifiques étoffes & de fermoirs précieux, décorés de miniatures qui étaient souvent des chefs-d'œuvre artistiques, ils s'élevèrent graduellement jusqu'au nombre de 973 volumes confiés à la garde du chevalier Gilles Malet, « varlet de chambre & maistre d'hostel » du roi. Ce bibliothécaire se montra à la hauteur de sa tâche en dressant quelques années plus tard un catalogue de son dépôt qui est conservé encore aujourd'hui à la Bibliothèque nationale.

Un catalogue, c'est tout ce qui nous reste, hélas! de la bibliothèque de Charles V. Conservée avec soin jusqu'à la mort du roi, ainsi qu'en témoigne un nouvel inventaire fait quelques semaines après [1], elle excita, un demi-siècle plus tard, au temps de l'occupation étrangère, la cupidité du régent anglais; plus clairvoyant que scrupuleux & ne se faisant sans doute aucune illusion sur les chances finales de la guerre, Bedford se dit qu'il avait sous la main du moins une conquête assurée, réclama toute la collection à son gardien & l'expédia en Angleterre.

Tel quel, le catalogue de Gilles Malet est un précieux document d'histoire littéraire, indice à la fois des goûts scientifiques de son royal maître & de la composition d'une grande bibliothèque au moyen âge. En tête figurent naturellement des bibles latines & françaises,

[1] «Et tous y ont estez trouvez, exceptez ceulz qui sont signez & escripz sur les marges avoir estez bailliez par le Roy, dont Dieu ait l'âme.»

des bréviaires, missels & psautiers; les Vies des Saints & des Recueils de miracles; peu d'ouvrages des Pères : saint Augustin, Origène, saint Grégoire, mais, suivant la tendance générale de ce temps, plusieurs traités d'astrologie, de géomancie, de chiromancie, prétendues sciences auxquelles s'intéressait Charles V; en médecine, quelques ouvrages d'Hippocrate, des fragments d'Avicenne & des traductions de l'arabe, ainsi qu'une « cirurgie pour oyseaulx de proye »; en droit, les Décrétales, les Institutes, le Digeste & quelques coutumes provinciales; des encyclopédies : le *Trésor* de Brunetto Latini, les *Propriétés des choses,* etc.; des voyages : Marco-Polo, Mandeville; de l'histoire : Eusèbe, Josèphe, Tite-Live, la Vie de sainct Loys, celle de sainct Martin, « tres parfaictement bien escripte & ystoriée, en prose », les Croniques de Julius Cesar & de Goddefroy de Billion; en littérature : Lucain, Ovide, le *Roman de Regnart,* les *Fables Ysopet,* le *Roman de la Rose,* etc.; enfin un *Avaluement des monnoyes,* le *Governement des roys & des princes,* & un dictionnaire latin-français. Bref, une encyclopédie complète du moyen âge.

Nous avons fait allusion aux jardins du Louvre. Le roi & la reine avaient chacun le sien, que supprima Charles VI. Le grand jardin, au nord, soigné avec prédilection par Charles V, disparut sous Louis XIII devant l'extension des travaux du château. Ces jardins renfermaient des pavillons & des treillages de bois surmontés de fleurs de lis, entourés de fleurs & de plantes variées : sauge, hysope, lavande, lis, violettes, roses doubles vermeilles. Un compte de l'an 1371 mentionne la fourniture de 1,700 ceps de vigne & 1,200 pieds de fraisiers.

Que devenait sur ces entrefaites le palais de la Cité? Habité longtemps avec prédilection par les rois qui s'y trouvaient plus à leur aise, il suffisait de moins en moins à loger à la fois la famille royale qui manifestait, avec le progrès des mœurs, des besoins grandissants, & les cours souveraines dont les services requéraient des locaux plus vastes. La vie sous un toit commun devenait difficile : de là l'active impulsion donnée aux travaux du nouveau château, & le roi Charles, en déménageant sa bibliothèque, donnait une première satisfaction aux besoins de son parlement. En 1360, après quatre ans de captivité, le roi Jean revenait à Paris; traversant la rue Saint-Denis & le Grand Pont tendus de tapisseries[1], il alla, après un service d'actions de grâces à Notre-Dame, s'installer au palais. Il est vrai qu'il n'y resta pas longtemps, & repartit bientôt pour la Bourgogne. Après lui, le palais fut encore occupé, nous le verrons plus loin, d'une façon intermittente, jusqu'au roi Charles VII qui le quitta définitivement en 1431.

François Ier avait apprécié, au cours de ses expéditions dans le Milanais, les premières productions de la Renaissance italienne; il se trouva dès lors mal à l'aise dans le Louvre délabré & maussade de Charles V. La principale entrée du château fut reportée «en la rue d'Ostriche, devant la maison de Bourbon»[2], & la Grosse Tour de Philippe Auguste, qui encombrait la cour principale, lui dérobant

[1] Il ne faut pas oublier qu'à cette époque, & encore longtemps après, nos ponts étaient bordés sur toute leur longueur d'une double rangée de maisons.

[2] Le *Petit Bourbon*, ancienne demeure du trop fameux connétable de Bourbon, sur l'emplacement qui sépare aujourd'hui les jardins du Louvre de Saint-Germain-l'Auxerrois.

l'air & la lumière, fut rasée. Les réparations exécutées à la hâte pour la réception de Charles-Quint, en janvier 1540 : élargissement des fenêtres qui furent garnies de vitraux peints, agrandissement des appartements, n'étaient qu'un pis-aller provisoire.

Dès l'abord, le roi avait conçu le plan d'un palais point trop vaste, mais de proportions harmonieuses; d'un extérieur sévère avec quatre pavillons d'angle à toiture d'ardoise, un gracieux portique tourné vers l'orient, & une cour carrée entourée sur trois côtés d'ailes édifiées sous l'inspiration des souvenirs de l'antiquité.

C'était toute une révolution dans l'art, & la rupture définitive avec les traditions du moyen âge. Nous ne saurions suivre dans ses détails l'exécution de ce plan modifié du reste bien des fois. Il nous suffira de rappeler que Pierre Lescot, l'artiste parisien chargé de présider aux travaux, exécuta l'une des trois façades : celle de l'ouest, qui relie le pavillon de l'Horloge à l'angle sud-ouest.

Henri II, fidèle exécuteur des plans arrêtés avant lui, commença la façade sud. Henri IV montra la même sollicitude & poussa activement les travaux de la galerie du bord de l'eau, ouverte dès le temps de Charles IX; mais le Louvre resta longtemps encore un assemblage des constructions les plus disparates. Du côté de l'est, on entrait toujours par un pont-levis jeté sur le fossé, & une voûte obscure entre deux grosses tours; la cour carrée qui précédait la belle façade de Lescot était encombrée de matériaux divers; à gauche, l'aile ouverte par Henri IV faisait face, du côté nord, à une ancienne aile du château de Charles V.

A l'intérieur, l'aménagement était encore bien peu confortable, & se ressentait toujours des mœurs rudes du passé. Le grand escalier Henri II, à rampe droite, avec paliers de repos à angles droits, le premier qui rompît avec la vieille mode des escaliers *à vis,* conduisait à de vastes pièces : la *Salle Haute,* donnant par sept fenêtres sur la cour d'honneur; la *Chambre de parade* ou *Cabinet du roi,* qui avait vue par deux fenêtres sur les fossés & la Seine, & la *Chambre à coucher* du roi, voisine de celle de la reine, dont Catherine de Médicis fut la première occupante. Et quel ameublement y trouvait-on? Deux sièges surmontés d'un dais pour le roi & la reine; quelques coffres réservés aux seules princesses, guère plus. Les dames & les gentilshommes pouvaient à leur choix se tenir debout ou s'asseoir «en terre sur les nattes qui servoient de tapis».

Cette parcimonie contrastait singulièrement avec les fêtes qu'y donnait la cour des Valois, fêtes assez renommées jusqu'à l'étranger pour qu'au rapport de Brantôme, don Juan d'Autriche, traversant Paris en route pour la Flandre, fût désireux d'en avoir le spectacle. Arrivé avec son ami Ottavio de Gonzague, il se glissa sous un déguisement dans le Louvre, «vit danser toute la cour, la contempla, & apres s'en repartit ravy»[1].

C'est dans la *Salle Haute* de l'aile sud que la reine Louise donna, en octobre 1581, un grand dîner, puis, dans la «grand' salle» du Petit Bourbon le *balet comique de la Royne,* à l'occasion «des nopces de sa sœur mademoiselle de Vaudemont avec mons^r^ le duc de Joyeuse», l'un des mignons de Henri III. Ce

[1] Brantôme, *Œuvres complètes,* édit. Lalanne, t. II, p. 127.

genre de divertissement, dont on retrouve des traces dès la fin du xive siècle, dans le fameux ballet des Ardents où Charles VI laissa sa raison & faillit laisser sa vie, prit, un siècle plus tard & sous l'influence de la mode italienne, le caractère pseudo-mythologique & héroïque qui prédomina aux siècles suivants. Celui de 1581, réglé par l'Italien Balthazar de Beaujoyeulx, représentait Mercure & les Naïades vaincues par les enchantements de Circé & délivrées par l'intervention de Jupiter & de Minerve : la reine y figura en personne dans la dernière scène.

Nous avons exposé déjà les usages privés & le service intérieur de l'hôtel royal au moyen âge. A mesure que nous nous rapprochons des temps modernes, les règlements deviennent plus précis : quelle différence du xive siècle aux prescriptions de 1578 pour la maison de Henri III!

«Sa Majesté veut que tous les matins, avant qu'elle soit éveillée, l'on face balier & oster les ordures qui sont tant à la cour que sur les degrez & aux salles haultes & basses du logis de sad. Majesté. Que le disner de Sa Majesté soit prest tous les jours quand elle sortira de sa messe.

«Que le m[e] d'hostel qui sera en service se tiene pres de Sa Majesté quand elle sortira de sa chambre pour aller à la messe, afin d'entendre de Sad. Majesté quand elle voudra disner, afin qu'il en face advertir à la cuisine.

« Les dicts jours que le Roy prendra son vin apres disner, sera apporté par un gentilhomme de la Chambre avec dix plats, cinq de fruits selon la saison, & autres cinq de confitures.

«Tous les jours, quand la nuit viendra, le Grand Maistre fera allumer des flambeaux par toutes les salles & passages du logis du roy, & aux quatre coings de la cour & degrez, des fallots, afin que l'on puisse congnoistre & voir ceux qui iront & viendront par le dict logis à telles heures.

«Voulant aussi Sad. Majesté qu'Elle estant à table, l'on se tienne un peu loing d'Elle, afin qu'Elle ne soit pressée, & que nul ne s'appuye sur sa chaire, que le capitaine des gardes qui sera en quartier. Lequel sera appuyé sur le costé droict de lad. chaire, & un des gentilshommes de la Chambre sur l'autre costé.

« Estant revenue de dehors devant souper, s'il est entre cinq & six heures, commandera que l'on aille à sa viande, faisant advertir les Roynes ses mère & femme pour souper ensemble. Après le souper, si c'est le dimanche ou le jeudy, Leurs Majestez s'en iront à la Salle pour tenir le bal, ou se trouveront tous les princes, seigneurs, gentilzhommes, princesses, dames & damoiselles. Et les autres jours, fors le vendredy & samedy, ira en la chambre de la Royne, accompagné de tous les princes, seigneurs & gentilzhommes.

« Veult Sa Majesté que sa musique se tienne en sa chambre tous les jours, entre sept & huict heures.

« Les soirs des lundy, mardy & mercredy, le Roy s'ira promener apres souper, où Il veult que tous ceulx de sa cour l'accompagnent.

« Quand l'on yra à la viande du Roy quérir les services, qu'il y ait quatre archers destinés, assavoir deux pour marcher devant la dicte viande, avec le m^e d'hostel, & deux derriere afin de garder que personne n'y approche. »

Un règlement postérieur ajoute : « seront tres soigneux les officiers de bien accoustrer la viande du Roy, & que l'on ne Luy serve rien qui ne soit fort bon & bien tendre. Et que le m^e^ d'hostel luy demande tous les jours sy Sa Majesté se trouve bien traictée. Et pour cet effect le m^e^ d'hostel verra en la cuisine la viande, & le pain en la panneterie, afin de voir sy tout sera comme il doibt.

« Ne changera-t-on point de vin au Roy sans que deux du gobelet en ayent faict taster à son premier médecin, pour voir s'il sera de son goust.

« Les jours que le Roy mangera de la chair, aura son bouillon le matin, bien cuit & bien consommé, & non si plain de gresse & clair, comme il est quelquefois [1]. »

Combien cette méticuleuse étiquette jurait avec les habitudes grossières qui d'autre part prédominaient encore dans les châteaux royaux ! On ne se gênait guère, à cette cour élégante, pour satisfaire aux besoins naturels dans les cours, dans les vestibules, & les souiller in-

(1) Arch. nat., Reg. KK, 544.

dignement. Le roi tout le premier donnait l'exemple du sans-gêne : on se souvient que, le 1er août 1589, lors de son assassinat par le jacobin J. Clément, il lui donnait audience assis sur la chaise percée de sa garde-robe [1].

En renonçant aux Tournelles, la reine Catherine cherchait une compensation ailleurs. A l'ouest du Louvre, en dehors de l'enceinte de Charles V, s'étendait le terrain *des Tuileries;* c'est là qu'elle rêva d'élever, au milieu d'un parc immense, un nouveau palais qui surpasserait tous les autres en magnificence. Philibert Delorme construisit le pavillon central, que desservait un grand escalier, «le plus vaste, rapporte Sauval, le plus aisé & le plus admirable qui fût au monde [2]. Delorme mourut avant de l'achever; après sa mort, pas un architecte du royaume n'osa le continuer. Si ce merveilleux chef-d'œuvre avait été fait dans un siècle plus éloigné de nous, on nous feroit accroire que quelque fée ou sorcier l'aurait bâti». Bullant y ajouta les deux pavillons du

(1) *Journal de L'Estoile,* édition Brunet & Champollion, t. III, p. 394.

(2) Sauval, *Antiquités,* etc., t. II, p. 54.

nord & du sud, & le jardin avec son *labyrinthe*, son *cadran solaire* & *lunaire*, & sa *grotte* ornée de poteries émaillées par Bernard Palissy. Lenôtre, du reste, en modifia plus tard le tracé : c'est à lui que nous devons les deux terrasses des *Feuillants* & du *bord de l'eau*.

Comment approvisionner d'eau les deux palais voisins ? La question qui s'était posée plus de deux cents ans auparavant se représentait plus pressante encore au début du XVII$^{e}$ siècle : les besoins de confort de la nouvelle génération comportaient des exigences inconnues au moyen âge. Un Flamand, Lintlaer, arrivé à Paris à l'heure favorable, obtint de Henri IV l'autorisation d'installer sur la Seine, immédiatement au-dessous du Pont-Neuf, une pompe élévatoire qui amenait l'eau dans un réservoir construit à la hauteur voulue, & d'où elle était dirigée vers sa destination. C'était la *Samaritaine*, montée sur pilotis de 1603 à 1608, & décorée d'un groupe en bronze doré qui représentait la scène évangélique de Jésus avec la Samaritaine. Entre les deux figures, un bassin doré recevait l'eau tombant d'une coquille. Un carillon, jouant d'heure en heure des airs variés & un jacquemart, qui accompagnait l'horloge en sonnant les heures, complétaient la décoration, à la grande joie du public parisien, qu'exprimèrent maintes épigrammes, telle la suivante :

*Arrêtez-vous ici, paſſant,*
*Regardez attentivement ;*
*Vous verrez la Samaritaine*
*Aſſise au bord d'une fontaine :*
*Vous n'en savez pas la raison ?*
*C'eſt pour laver son cotillon.*

*Regardez de l'autre côté,*
*Comme le Seigneur eſt planté,*
*Qui l'entretient sur la grâce ;*
*Il lui parle sur l'efficace ;*
*Mais il lui parle doucement*
*De crainte d'emprisonnement.*

Le poste de gouverneur royal de la Samaritaine était une sinécure fort recherchée. Cette machine demanda des réparations successives, & en 1813, rendue inutile par les progrès de la canalisation souterraine, elle fut supprimée : jacquemart & carillon se taisaient depuis longtemps.

Catherine de Médicis, en mourant, laissait inachevées les Tuileries dont les travaux étaient suspendus depuis de longues années. Elle ne s'y était jamais installée, «y venoit seullement pour se pourmener, & lorsqu'elle y vouloit manger ou séjourner, qui estoit fort peu souvent, faisoit apporter les meubles qui lui estoient nécessaires, lesquels ses officiers remportoient apres son départ».

Les chantiers restaient déserts, les matériaux encombraient les abords du palais presque oublié.

Louis XIII ou plutôt Richelieu reprit le plan, conçu par Henri IV, de relier par des ailes les deux palais; dès le règne suivant, l'avancement des travaux permit à l'Italien Vigarani d'aménager entre le pavillon de Marsan & le dôme central, «pour les délassements du jeune roi & le divertissement de ses peuples», une salle de théâtre pourvue d'un machinisme fort compliqué : un *ciel* pour les *gloires,* les vols, les dieux planant sur des nuées; des *deſſous* profonds pour les enfers, & un système très compliqué de fermes. La loge royale était entourée de gradins pour les officiers & la cour, & de loges décorées de marbres & de dorures. C'est dans cette salle qu'en janvier 1671, «en présence de Leurs Majestés, du Dauphin, de Monsieur, de Mademoiselle, du nonce & de l'ambassadeur de Venise», fut représentée *Psyché,* tragédie-ballet de Corneille, Lulli, Quinault & Molière, jouée par ce dernier avec le concours de sa troupe.

Au Louvre, les travaux n'avancèrent que lentement durant les XVII^e^ & XVIII^e^ siècles : la cour, installée à Versailles depuis la Fronde, en avait gardé rancune à la remuante capitale & n'y venait presque plus. Délaissé par Louis XIV, le Louvre donna du moins l'hospitalité aux diverses académies. L'Académie française y tint séance pour la première fois le 12 janvier 1673 [1], & il y accourut, remarque

[1] La Compagnie marqua de son mieux sa gratitude au roi : le jour de la Saint-Louis, elle faisait célébrer une messe en musique & prononcer le panégyrique du saint. La Bretonnière, l'auteur du *Cochon mitré,* nous montre d'autre part l'Académie sous un jour singulièrement moins grave. «Quoique le Roy, dit-il, leur ait fait l'honneur de les loger au Louvre, ces beaux Messieurs s'y battent en drilles, comme dans un cabaret. Charpentier en vint si avant, l'autre jour, avec l'abbé Tallemant, que de lui reprocher qu'il était fils d'un banqueroutier de La Ro-

Ch. Perrault, «une foule de monde & de très beau monde». Affluence qui s'explique : il s'agissait d'une triple réception en une séance, dont celles de Fléchier & de Racine. L'académie de peinture, elle aussi, y trouva sa place : après des chances diverses, elle reçut, à la fin du siècle, plusieurs salles du même étage, avec la faculté d'ouvrir l'Exposition de peinture dans le *Grand Salon* du Louvre, devenu ainsi «le salon» par excellence : ce nom passa à l'Exposition elle-même, d'abord irrégulière, puis biennale durant toute la seconde moitié du XVIII^e^ siècle.

Aux alentours du palais, quel désordre, & que les abords en étaient désolés, bien que le gouverneur, M. d'Angevilliers, eût fait semer de gazon les terrains vagues environnants! Un peu dégagé, sur sa façade orientale, par la dis-

chelle; à quoy Tallemant répliqua que Charpentier était fils d'un cabaretier de Paris. De ces injures de halles ils en vinrent aux mains. Charpentier jeta à la tête de Tallemant un Dictionnaire de Nicot, & Tallemant de son côté jeta à la tête de Charpentier un Dictionnaire de Monet.» Molière, peignant les types de Trissotin & Vadius, n'avait pas à chercher bien loin pour copier sur nature les *mœurs littéraires* du Grand Siècle.

parition de l'hôtel de Bourbon[1], le Louvre se vit assiégé dès le temps de Louis XIV, comme jadis l'hôtel Saint-Paul, par une nouvelle émigration de filles publiques, suivies de leur escorte obligée, la tourbe des métiers interlopes : profitant de l'absence de la cour[2], une étrange population de vauriens en quête d'un repaire, de débiteurs frappés de contrainte par corps, qui n'avaient pas d'autre asile, se glissaient dans le dédale de masures & de décombres qui obstruaient la cour principale, & pénétraient jusque dans les galeries. Sous Louis XV, les échoppes des petits marchands, les matériaux entassés dans les cours en vue d'un achèvement toujours plus problématique du palais portèrent la confusion à son comble : les portiques, les entre-colonnements, les niches mêmes des statues, tout était envahi par quelque étalage. Bref, le découragement de la cour, qui ne savait plus que faire du château, fut tel à un moment donné que, vers 1725, sous

[1] Démoli vers 1660 pour faire place à la nouvelle Colonnade.

[2] De 1670 à 1715, le roi ne visita le Louvre qu'une quinzaine de fois.

le ministère Fleury, le conseil agita sérieusement la question de démolir le Louvre. « L'extravagante proposition, ajoute Latour de Saint-Yenne [1], fut écoutée, mise en délibération, & allait passer tout d'une voix, lorsqu'un des membres du conseil demanda quel Français serait assez audacieux pour se charger d'une telle entreprise ? »

Dès lors, & la question de démolition étant écartée, on s'appliqua à remédier aux dangers qui menaçaient le palais, ainsi qu'à faciliter les moyens de communication, par le Louvre, entre le faubourg Saint-Honoré & le faubourg Saint-Germain. La circulation, très active sur ce point, ne disposait guère, sur toute la longueur des deux palais voisins, que de trois passages fort étroits : en face de la rue Saint-Thomas-du-Louvre, de la rue Froidmanteau, & de la rue Saint-Nicaise qui débouchait sur le quai à la hauteur du Pont-Royal ; au total, bien peu de chose en regard des besoins quotidiens. Le *Mercure* de 1757, organe des réclamants, toucha du doigt le vif de la question

[1] Voir le dialogue intitulé : *L'Ombre du Grand Colbert.*

sous la forme d'une discussion de café où un petit robin, gendre d'un officier des écuries, criait comme un beau diable «que l'ouverture proposée couperait un beau filet d'écurie, & prendrait la place de six chevaux du roi».

Deux ans après, la réforme attendue vit le jour; sans tenir compte ni des écuries royales d'un côté, ni de l'imprimerie du roi, de l'autre, le marquis de Marigny fit ouvrir trois larges guichets entre le quai & le Carrousel. Tous les écrivains du temps s'épuisèrent en remerciements au surintendant des bâtiments. D'Alembert eut une vraie joie d'enfant la première fois qu'il le traversa en voiture. «M^me^ de Créquy lui proposa de le mener prendre l'air dans sa voiture, & il parut, de la meilleure foi du monde, prendre un plaisir si vif au résonnement sourd & prolongé que produisaient le piétinement des chevaux & le roulement de la voiture en traversant les guichets du Louvre, que cette dame eut la complaisance d'ordonner à son cocher de repasser cinq ou six fois de suite sous ces voûtes sonores[1].»

[1] Ch. Pougens, Lettre quatrième.

Ce serait une piquante histoire, trop longue pour trouver sa place ici, que celle de ces guichets, dût-elle ne commencer qu'à l'heure où d'Alembert les passait dans la voiture de Mme de Créquy, & s'arrêter aux instants de mortelle angoisse qu'y passa Marie-Antoinette, tapie dans l'ombre & sur le point d'être reconnue par La Fayette, le soir même du départ pour Varennes.

Le Louvre, en dépit de ses heureuses transformations, n'avait jamais beaucoup plu à Marie de Médicis qui le trouvait sombre & s'y sentait mal à l'aise; peu après la mort de Henri IV, elle le quitta. Au XVIe siècle, le duc de Piney-Luxembourg avait fait bâtir, du côté des Chartreux de Vauvert, un hôtel portant son nom qui survécut à toutes les vicissitudes du domaine; c'est cette demeure que la reine acheta pour en faire sa retraite loin de la cour, & elle chargea son architecte, Debrosse, de lui en faire un palais. Les trois corps de logis, entre cour & jardin, furent rasés, & Debrosse édifia en leur place la majestueuse demeure où l'on a voulu voir une imitation du palais Pitti, à Florence. Quoi qu'il en soit, ses belles proportions sont encore reconnaissables derrière les lourdes adjonctions : avant-corps de logis sur la façade du jardin, & deux pavillons qui le flanquent, à droite & à gauche, datant du temps de Louis-Philippe. Malingre [1] nous a laissé une description admirative des quatre grands pavillons contenant la galerie de la reine, avec une cheminée à chaque bout, la chapelle, la chambre à coucher, dont le lit était entouré d'une balustrade à piliers d'argent. «De cette chambre on entre au cabinet, le plus riche qui se puisse voir. Les vitres sont de fin cristal &, au lieu de plomb pour les lier, la liaison est toute d'argent.» Encouragée par l'approbation des premiers artistes du temps, la reine ne ménagea pas ses soins au palais & fit exécuter, dans la grande galerie, de 1621 à 1623, par Rubens, la fameuse collection de tableaux, en majeure partie aujourd'hui au Louvre, qui représentait la vie de Marie de Médicis.

Les jardins, d'une étendue plus restreinte que ceux d'aujourd'hui, furent dessinés par le

(1) *Antiquitez de la ville de Paris*, liv. II, p. 402-2.

même Debrosse, auquel on doit encore la fontaine de Médicis, qu'il alimenta par un aqueduc amenant les eaux de la source de Rungis.

La politique vint troubler la reine dans la jouissance de sa retraite. Après la Journée des Dupes en novembre 1630, Marie dut plier devant Richelieu & quitter Paris. Elle céda, en partant, le palais à son second fils Gaston d'Orléans. Durant tout le cours de la Fronde, le *palais d'Orléans* fut le quartier général des chefs du mouvement. Au moment le plus aigu de cette période troublée (en déc. 1651), le duc y fut serré d'assez près par la foule venue pour lui représenter les maux dont elle souffrait. «M. d'Orléans prêt à sortir en carrosse pour aller promener en plaine de Grenelle, une populace du faubourg, en nombre de deux cents ou près, entrèrent en sa cour. L'un de leurs chefs s'approcha & lui parla, puis le reste cria : «La paix, monseigneur, nous mourons «de faim.» Il leur dit qu'il y avoit fait tout son possible & n'y pouvoit faire davantage[1].»

[1] *Journal de Dubuiſſon-Aubenay,* publ. par Saige. Paris, 1885, t. II, p. 137.

..... «Dimanche (5 mai 1652). Avis que le maréchal de Turenne a défait deux mille hommes de l'armée des princes. On envoie du palais d'Orléans chercher M. de Chavigny & M^me^ d'Aiguillon en toutes parts sur ce sujet, la dite dame étant entremetteuse du traité d'entre la cour & les Princes[1].»

A Gaston d'Orléans succédèrent, dans le palais, ses deux filles, la Grande Mademoiselle & Élisabeth de Guise; celle-ci en fit don au roi. Le Régent y logea la duchesse de Berry, & Duclos nous raconte qu'il laissait rarement passer un jour sans aller y voir sa fille qui se livrait à d'étranges passe-temps. «Les soupers, les bacchanales, les mœurs du Luxembourg étoient les mêmes qu'au Palais-Royal, puisque c'étoient à peu près les mêmes sociétés. La duchesse de Berry, avec qui les seuls princes du sang pouvoient manger, soupoit ouvertement avec des gens obscurs que Riom[2] lui

(1) *Journal de Dubuisson-Aubenay*, publ. par Saige. Paris, 1885, t. II, p. 217.

(2) Le comte de Riom, petit-neveu du fameux Lauzun, & amant de la princesse. Il avait d'abord été celui de la marquise de Mouchy, sa dame d'atours, & l'abbé de Vauxcelles, dans ses annotations des *Mémoires*, observe

produisoit. Il s'y trouvoit même un certain Père Reiglet, jésuite complaisant, commensal & soi-disant confesseur. Si elle avoit fait usage de son ministère, elle auroit pu se dispenser de lui dire bien des choses dont il étoit témoin & participe [(1)]. » De son côté, Saint-Simon ajoute : « Mme la duchesse de Berry, qui vivoit de la façon qui a été expliquée, voulut apparemment pouvoir passer des nuits d'été dans le Luxembourg, en liberté. Elle en fit murer les portes, & ne conserva que celle de la grille du bas de l'escalier du milieu du palais. Ce jardin, de tout temps public, étoit la promenade de tout le faubourg Saint-Germain, qui s'en trouva privé. M. le Duc (de Bourbon) fit

que la duchesse de Berry, affligée d'une taille épaisse, avait sollicité Mme de Mouchy, fort svelte au contraire, de lui céder Riom. Bien qu'on ne pût guère les confondre toutes deux, il fut convenu que la duchesse se substituerait à sa dame d'atours. Celle-ci donna à Riom un rendez-vous dont profita la princesse. Riom, étonné de cet embonpoint, dit le lendemain à son entourage : « Voyez cette madame de Mouchy qui a l'air grosse comme une mauviette, cela tient une place énorme dans un lit. » Ce fut l'origine d'une liaison qui fit scandale parmi les contemporains.

(1) *Mémoires* de DUCLOS, éd. Petitot, t. I, p. 224.

ouvrir aussitôt celui de l'hôtel de Condé[1] & le rendit public en contraste. Le bruit fut grand & les propos peu mesurés sur la raison de cette clôture[2]. » Jusqu'à la Révolution, la duchesse de Brunswick, la reine douairière d'Espagne s'y succédèrent, puis le comte de Provence (1779). Ce fut une donation de Louis XVI qui réunit entre les mains de ce dernier le palais de Marie de Médicis & le petit Luxembourg, jadis habité, durant la fondation du Palais-Cardinal, par Richelieu qui le laissa à sa nièce, la duchesse d'Aiguillon, d'où il passa aux Condés. La Révolution conduisit le comte de Provence en exil, & changea le Luxembourg en une prison : comme telle, il continua à abriter des hôtes illustres, le général de Broglie, le marquis de Nicolaï, Beauharnais, puis Danton & Camille Desmoulins.

Oublierons-nous de consacrer, en terminant, quelques lignes de souvenir à ce Palais qui ne devint Royal qu'indirectement & après

[1] Sur l'emplacement actuel du théâtre de l'Odéon.
[2] *Mémoires*, éd. Chéruel, t. XIII, p. 422.

coup, par une disposition du possesseur qui l'avait bâti & l'habita durant des années comme une demeure toute privée?

A peine nommé ministre, en 1624, Richelieu, qui habitait encore son hôtel de la place Royale, chercha à se rapprocher du Louvre. Dès la même année, il s'empressa d'acheter, à l'extrémité de la rue Saint-Honoré, le vieil hôtel de Rambouillet, vaste assemblage de bâtiments du XV^e siècle, sans régularité à l'extérieur, sans confortable à l'intérieur. Après les aménagements indispensables, il y était installé en 1629; ses projets, alors, étaient modestes. Puis sa situation grandit & toutes les ambitions lui furent permises : il conçut alors le projet d'un palais. De 1629 à 1642, l'année même de sa mort, il acheta de plus toute une série d'habitations privées : les bâtiments de l'académie d'équitation Benjamin, sur la rue des Bons-Enfants, puis l'hôtel d'Estrées à l'angle de la même rue, enfin l'hôtel de Sillery, de l'autre côté de la rue Saint-Honoré, qui permit de dégager la vue de la façade en ouvrant une place. Les travaux, commencés sous la direction de l'architecte Lemercier, aboutirent à une demeure relativement modeste encore, l'*hôtel Richelieu,* adossé au vieux mur de Charles V qui venait aboutir, vers l'entrée de la rue actuelle de l'Échelle, à la porte Saint-Honoré. D'une année à l'autre, il s'agrandissait, & pour faciliter la tâche, il rasa le rempart & combla le fossé qui l'étreignait. En 1635, les deux galeries de l'aile gauche étaient achevées, ainsi qu'une partie de l'aile droite. Édifice d'un aspect imposant, mais sans régularité, enchevêtré au milieu d'un fouillis de maisons non encore achetées, de jardins, de murs lézardés. Cette aile droite contenait une salle de spectacle; l'aile gauche, une galerie dont la voûte avait été décorée par Philippe de Champaigne. Cette même aile, dans la seconde cour, contenait une galerie de portraits d'hommes illustres peints par le même Champaigne, Vouet, etc. Cette seconde cour, au reste, n'était entourée de bâtiments que de trois côtés : le quatrième donnait sur le jardin par une suite d'arcades portant une galerie découverte qui faisait communiquer entre elles les deux ailes.

Telle quelle, & avec les magnifiques collections d'art que le cardinal avait commencé à y accumuler : pas moins de 250 tableaux, 191 sculptures (tant bustes que statues de grandeur naturelle), des tapisseries magnifiques, des pièces d'orfèvrerie, des cristaux, des porcelaines, c'était dès lors une résidence splendide. La bibliothèque, la plus belle de Paris avant celle de Mazarin, contenait 900 manuscrits que Richelieu avait achetés un peu de tous côtés & fait relier en maroquin rouge à ses armes. Enfin le Palais-Cardinal eut son théâtre : d'abord un petit qui ne contenait que quelques centaines de places & qui suffit cependant à représenter le *Cid;* en 1641, une salle plus vaste fut inaugurée avec *Mirame*. En 1639, l'œuvre était terminée; mais déjà trois ans avant, en juin 1636, le cardinal, voulant prévenir le risque toujours possible d'une jalousie royale, avait fait donation de son palais à Louis XIII, & il la confirma par son testament de 1642. Le roi n'eut guère le temps de profiter du présent : il mourut cinq mois après. En octobre de la même année, la reine régente s'installa avec ses enfants au Palais-Royal (c'est ainsi qu'il fut désigné dès lors) &, par un caprice de femme, bouleversa tout, changea la distribution des pièces; elle établit le petit roi dans l'ancienne chambre de Richelieu & fit aménager pour elle-même de spacieux appartements à l'aile droite. En même temps, & sous le prétexte du bien de l'État, elle désira rapprocher d'elle Mazarin auquel elle était mariée secrètement [1]; le tout-puissant ministre arriva avec tout son monde d'officiers, de serviteurs, qu'il logea sous les combles : en moins de dix ans, la demeure de Richelieu devint presque méconnaissable.

C'est là que le jeune Louis XIV passa son enfance, fort négligée de la reine-mère elle-même, sous le contrôle du premier ministre qui le détournait systématiquement de toute étude sérieuse, ne lui laissant d'autre ressource que celle des exercices physiques, de la danse, de l'équitation, de la chasse à laquelle il se livra jusque dans les jardins du Palais-Royal [2]; c'est là que la cour soutint l'assaut de la Fronde; dans les rues, la populace chantait

[1] Voir WALCKENAER, *Sévigné*, part. II, p. 471; COUSIN, *Hautefort*, p. 95 & 471-82, etc.

[2] Voir une pièce intitulée : *Les particularités de la chasse royale faite par Sa Majesté le jour de Saint-Hubert (1649).*

«sur l'amour que la reine porte à Mazarin», des chansons telles que celle-ci :

*Pour moy je suis sans chagrin*
*Contre Jules Mazarin :*
*C'est un étranger*
*Qui veut se venger,*
*Je pardonne à sa haine ;*
*Mais je voudrois bien étrangler*
*Nostre p.... de reyne, o guay!*
*Nostre p....*, etc.

Dans la nuit du 5 au 6 janvier 1649, la reine, avec ses deux enfants & sa suite, s'évada par une porte de derrière qui ouvrait à l'extrémité du jardin, sur la rue des Petits-Champs, & se réfugia à Saint-Germain; c'est là qu'après l'exil de Mazarin, le peuple soulevé pénétra dans le palais & alla voir dormir le jeune roi dans sa chambre [1]. Après la Fronde, la reine, lasse d'une demeure agréable, sans doute, mais trop facilement accessible aux mouvements de la rue, la quitta sans esprit de retour. En 1660,

(1) Voir Mme DE MOTTEVILLE, *Mémoires*, éd. Charpentier, t. II, p. 285-286; t. III, p. 309-310.

le roi en céda la jouissance à son frère qui dut y exécuter d'importantes réparations & changer la distribution des appartements; en 1692, le Palais-Royal fut donné au duc d'Orléans qui le fit magnifiquement décorer par Mansart. Une galerie d'une quarantaine de mètres sur la rue de Richelieu en augmenta l'étendue, & le nouveau possesseur y installa des collections précieuses de tapisseries, de tableaux, de porcelaines.

Puis ce fut la vie du Régent entre ses filles, ses maîtresses & ses favoris, vie singulièrement débraillée & qui l'emporta avant l'âge. Le régime de galanterie licencieuse qui avait pris possession du Palais-Royal s'accentua encore, si possible, avec son petit-fils Louis-Philippe d'Orléans, qui rivalisa de désordres avec sa femme qui était une Bourbon-Conti. En 1763, l'incendie de la salle de l'Opéra, qui était l'ancien théâtre élevé par Richelieu, en atteignant sensiblement les bâtiments mêmes du Palais-Royal, entraîna des travaux de reconstruction, & donna à sa physionomie extérieure à peu près sa condition actuelle, plus gracieuse. Ce fut ensuite un projet de bâtiment que conçut le duc pour relier, à leur extrémité sur le jardin, les deux ailes du Palais-Royal, & remplacer la terrasse à arcades grillées, datant de Richelieu, qui disparut en 1775; il présente par avance les traits généraux qui devaient se retrouver bientôt dans les galeries élevées quelques années plus tard : même pilastres cannelés, même balustrade au-dessus de l'entablement. Pour le moment, cependant, on se borna à installer ces sordides échoppes, *les boutiques de bois,* qui firent de l'endroit, sous le sobriquet de «Camp des Tartares», le plus étrange des bazars, «rendez-vous de tous les crocs, escrocs, filoux, mauvais sujets dont abonde la capitale[1]». Son fils, le duc Philippe, plus tard Égalité, maître du Palais-Royal que son père lui avait cédé en 1780, pour se retirer avec la marquise de Montesson dans un hôtel de la rue de Provence[2], conçut un plan plus fructueux & digne du prince que des voix autorisées accusèrent de déposer les diamants de ses habits chez le bijoutier Boehmer, lors de quelque fête, pour les offrir en loca-

[1] *Mémoires secrets* de BACHAUMONT, t. XXXI, p. 100.
[2] Sur l'emplacement actuel de la cité d'Antin.

tion aux dames de la cour, en se contentant lui-même de brillants faux [1] & qui, deux ans à peine après la mort de son père, en 1787, *brocanta* misérablement les merveilleuses collections artistiques du Palais-Royal. Dès qu'il eut ses coudées franches, il s'empressa de réaliser la colossale opération financière que lui suggérait depuis dix ans son familier, l'économiste Beaudeau, en rétrécissant sur trois côtés le jardin du palais, & mit en vente le terrain devenu disponible. Le bruit, bientôt répandu, souleva contre le prince spéculateur un orage de sarcasmes, d'outrages & de fureur, qui se traduisit dans tout Paris, & surtout chez les propriétaires lésés dans leur droit d'entrée directe & dans la vue du jardin, par des libelles & des placards de la dernière violence. L'un de ces derniers, apposé jusque dans le grand escalier du Palais-Royal, invitait le duc à ouvrir une souscription pour trouver les fonds nécessaires à son entreprise, ajoutant que, si chacun de ceux qui le méprisaient donnait seulement un écu, il aurait de quoi faire bâtir

[1] *Souvenirs de la marquise de Créquy,* t. V, p. 42 & 66.

une ville entière [1]. Tous les moyens furent mis en œuvre : procédures judiciaires, les plus hautes influences, rien n'y fit. Dès le mois de décembre 1781, il commença les travaux, traça trois nouvelles voies parallèles aux rues de Richelieu, des Petits-Champs & des Bons-Enfants, & bâtit les trois rangées de maisons qui, avec leurs galeries bordées d'arcades, font un si piquant cadre au jardin remanié du même coup. L'objet allégué par le duc de Chartres, «faire du Palais-Royal un lieu de promenade commode, un rendez-vous général des nationaux & des étrangers» [2], fut pleinement atteint ainsi que le constate le *Calendrier des loisirs* ou *Les Amusemens économiques de Paris & des environs*, sorte de petit guide qui paraît être resté manuscrit [3]; il fut sans doute dépassé quelques années après, en 1789, lorsque les premiers

(1) BACHAUMONT, ouvr. cit., t. XVII, 3 juill. & 2 oct. 1721.

(2) Voir CHAMPIER, *le Palais-Royal*, p. 422.

(3) «Depuis onze heures du matin jusqu'à deux heures, tous les nouvellistes se réunissent & forment différents groupes, savoir au Palais-Royal à l'entrée de la grande allée, du côté de la rue des Petits-Champs, & surtout autour de la boutique du libraire adossé au café. Ceux qui

clubistes, qui avaient établi leur quartier général au café de Foy[1], installé depuis 1784 sous l'une des arcades de la galerie Montpensier, hissèrent sur l'une des tables Camille Desmoulins, dans la journée du 13 juillet, pour haranguer la foule & la lancer sur la Bastille.

sont curieux d'entendre des conversations de toute espèce peuvent se rendre là : ils entendront parler de paix, de guerre, de politique, de gouvernement, de ministres déplacés ou remplacés, d'affaires étrangères, d'effets royaux, de secrets d'État, d'aventures à la ville, à la cour... » (*Bull. de la Soc. de l'Hist. de Paris*, ann. 1883, p. 134).

(1) Ce café, qui existait déjà sous Louis XIV, en 1713, rue de Richelieu, presque en face de la rue Villedo, vint se fixer au Palais-Royal, sous l'enseigne de « La bonne foy ! » qui était un jeu de mots, quelques années avant la Révolution dont les incidents firent la réputation & la fortune de son propriétaire Jousserand.

## CHAPITRE III.

### L'HÔTEL SAINT-PAUL ET SES DÉPENDANCES.

Les immenses travaux du Louvre, les réparations au palais qu'il se préparait à quitter, ne suffisaient pas à l'activité du grand bâtisseur que fut Charles le Sage. En renonçant à la vieille demeure de saint Louis, il se réservait une compensation : c'est sur la route de Vincennes si souvent habité par les Capétiens qu'il la choisit.

A l'extrémité de la rue Saint-Antoine, dans le voisinage immédiat de la nouvelle enceinte, le jeune régent acheta, en 1361 & dans les années suivantes, successivement plusieurs hôtels : ceux des *comtes d'Étampes,* sur la rue Saint-Antoine ; des *abbés de Saint-Maur,* contigu à la rue Pute-y-musse[1] ; des *archevêques de Sens,* en bordure de la Seine, & il y ajouta avec le temps ou fit construire à neuf l'*hôtel neuf* ou *de la*

[1] Pute s'y cache, y a sa retraite ; aujourd'hui rue du Petit-Musc.

*Reine*, ceux de *Beautreillis*, de la *Pissote*, du *Pont-Perrin*.

Ces diverses demeures formaient un ensemble assez hétérogène, l'*hôtel Saint-Paul*, ainsi appelé du nom de l'église voisine. Pour ses débuts, la nouvelle acquisition royale ne porta pas bonheur aux Parisiens : ils venaient de verser une taxe destinée à en payer le prix quand le roi Jean revint de Londres; ce prince peu scrupuleux trouva la somme, s'en empara pour parfaire le premier acompte de sa rançon, & les patients Parisiens durent payer une seconde fois. Aussi est-ce à tort que le royal acquéreur, en déclarant indissolublement & pour toujours uni au domaine de la couronne « nostre ostel de Saint-Pol, lequel est l'hostel solempnel des grans esbatemens, & auquel nous avons eu plusieurs plaisirs[1] », déclara l'avoir acheté de *ses propres* deniers; les Parisiens le savaient mieux que personne.

Cette demeure forma, entre les rues Saint-Paul, Saint-Antoine, Pute-y-musse & le quai, une énorme agglomération de maisons d'en-

[1] *Rec. des Ordonn.*, IV, 473.

viron 325 mètres sur 158 mètres; les habitations, il est vrai, conservaient un caractère bourgeois qui ne les distinguait pas de leurs voisines. Quant à la *Cerisaie,* dont le nom s'explique suffisamment, c'était une allée de cerisiers donnant sur la rue Pute-y-musse.

Charles V eut toujours une prédilection marquée pour son hôtel Saint-Paul où il menait l'existence calme & réglée du grand propriétaire. De cette demeure si célèbre au moyen âge, il ne nous reste malheureusement aucune vue authentique, & nous en sommes réduits sur ce point aux renseignements des contemporains. Cette agglomération irrégulière de bâtiments était entourée de hautes & solides murailles, avec trois *huis* ou portes au moins : sur le quai, sur la rue Saint-Paul, près de l'église, & sur la rue Saint-Antoine. Le visiteur y trouvait des préaux, des galeries couvertes pour la promenade en cas de mauvais temps, des cours, des vignes, des jardins où Charles V entretenait pour sa distraction un *papegaut* ou perroquet, des tourterelles, une ménagerie avec des sangliers & des lions, qui frappa la curiosité populaire; on en parlait, semble-t-il, jusqu'en

Allemagne[1]; enfin des pièces d'eau & un vivier pour l'entretien du poisson. Il y avait « un vallet qui garde nos tourterelles », un autre « qui garde nos rossignols de nostre chastel du Louvre ». Les lions, cela va sans dire, avaient leur gardien spécial : à la fin du xv^e^ siècle, fait à relever, ce fut une femme, damoiselle Marie Padbon, qui reçut 250 livres pour la garde & nourriture des lions de l'hôtel Saint-Paul. Les communs ou dépendances y étaient les mêmes qu'au Louvre.

Un peintre du nom d'Evrard reçut 6 francs d'or « pour refaire les lions & changer les armes qui sont sur la porte de l'hostel sainct Pol, lesquelles estoient escartelées de fleurs de lis & de dalphins[2], par marchié faict avec m^e^ Raymond du Temple, maçon du roy nostre sire, le xv^e^ jour de juin 1364 ». Au centre de la grande cour ou *préau de la fontaine au lion* s'élevait une fontaine ornée d'un lion en pierre, & au fond

(1) En 1378, lorsque l'empereur d'Allemagne vint à Paris avec son fils, le roi des Romains, ce dernier demanda aussitôt à aller voir les lions.

(2) Des dauphins, armes parlantes du jeune prince, encore dauphin lorsqu'il fonda l'hôtel.

de cette cour, la *tour carrée* ou donjon, symbole de l'autorité seigneuriale dans tout manoir féodal, la partie la plus forte de l'hôtel; le roi Charles V y gardait dans ses coffres une partie de son trésor. Ce donjon possédait enfin une horloge qui « sonnoit les heures » & une cloche que Louis XI offrit plus tard à l'église Saint-Paul.

Les jardins, « les grans esbatemens » étaient l'objet d'un constant entretien. En 1377, nous voyons le roi faire l'achat « de lavandes & autres herbes à planter en nostre jardin de nostre hostel de sainct Pol ». C'est lui aussi qui planta la fameuse cerisaie. Vingt ans plus tard, Charles VI fit planter quantité de rosiers, de lis, de lauriers verts, de poiriers, pommiers, cerisiers, pruniers; à en juger par les comptes qui nous sont parvenus, ces jardins devaient avoir une étendue qu'atteste encore le souvenir laissé dans la tradition populaire par les noms des rues voisines.

Examinons ces divers hôtels dans leur disposition intérieure. Les appartements y étaient nombreux & souvent très vastes. A l'hôtel de Sens, le roi occupait une ou deux salles, une antichambre, une garde-robe, une chambre de parade ou *chambre de Charlemagne,* une chambre à coucher, « la chambre où gît le roy », & la *chambre des nappes* ou salle à manger; ajoutons-y la chambre du Conseil, la *grande estude* ou *chambre du retrait,* la *petite estude du roy* décorée d'un tableau en quatre parties, perdu malheureusement, qui représentait Charles V, son père le roi Jean, son oncle l'empereur d'Allemagne & le roi Édouard III.

L'appartement de la reine était à l'avenant, longé par une galerie couverte dont l'historien de Paris, Sauval, nous fait une description enthousiaste : les parois en étaient peintes d'arbres fruitiers entremêlés de fleurs, d'enfants jouant sur le gazon.

D'autres salles portaient le nom de *chambre verte, chambre des grans aulmoires* (armoires), *chambre de Mathebrune,* l'héroïne[1] dont les aventures étaient peintes sur les parois; la *salle de Theseus,* dans laquelle étaient *pourtraicts* les hauts faits de ce héros d'un roman du XIV^e^ siècle : « Theseus, fils de Floridas, roy de Cou-

[1] Célèbre au moyen âge & chantée par le poète du *Chevalier au cygne.*

longne »[1], ainsi qu'en témoignent les vers suivants :

*Et le roy des François, ne le mescréez ja,*
*L'a faict peindre à Paris, dans son hostel qu'il a,*
*C'on appelle Sainct Pol, ou moult demouré a.*

Chacun de ces appartements avait sa chapelle, souvent pourvue d'orgues, des cheminées qui semblaient mesurées à la taille de géants, des *chauffe-doux* ou poêles pour le chauffage en hiver[2], & des *étuves,* répondant au goût, général à cette époque, pour les bains chauds. C'était même une mode très répandue dans la haute société d'offrir aux dames invitées un bain chaud avant le repas. Non seulement à l'hôtel Saint-Paul, mais aux Tournelles, au Louvre, au palais même de la Cité, il y avait, nous apprend Sauval, des salles de bain pourvues de cuves en bois d'Irlande, ornées de bossettes dorées & liées de cerceaux assujettis par

(1) Voir à ce sujet l'*Hist. litt. de la France,* t. XXVI, p. 27.

(2) Il y en avait même dans les chapelles. Pour les cheminées, le roi fit fabriquer en 1367 plusieurs paires de chenets en fer ouvré, dont les plus légers pesaient 42 livres; d'autres atteignaient jusqu'à 198 livres.

des clous de cuivre doré. Au temps de Louis XI, la reine fut invitée chez le premier président du Parlement. Elle & plusieurs de ses dames « ilec furent reçeues & festiées moult notablement & a grant largesse. Et y ot faiz quatre moult beaulx baings & richement aornez, cuidant que la royne se y deust baigner, dont elle ne fist riens pour ce qu'elle se senty ung peu mal disposée & aussi que le temps estoit dangereux. Mais en l'ung des diz baings se y baignèrent ma dicte dame de Bourbon, mademoiselle Bonne de Savoye; & en l'autre baing au joignant se baignèrent madame de Montglat & Perrete de Chalon, bourgeoise de Paris »[1].

Quel était l'ameublement de ces demeures royales? Au Louvre, nous le savons déjà, le roi n'avait que les meubles strictement nécessaires : des lits, des armoires ou coffres variés, des bahuts & des dressoirs, quelques tables, des bancs, des *chaières* ou chaises fort lourdes, des carreaux pour s'asseoir, des rideaux grossiers & des nattes, & c'était tout. Ajoutons-y,

[1] *Journal de Jean de Royes*, éd. Mandrot, t. I, p. 179.

il est vrai, une profusion d'objets d'orfèvrerie, tant en vaisselle d'or & d'argent qu'en joyaux. Les tapisseries, tendues dans les pièces habitées pour déguiser la nudité des murs simplement crépis à la chaux, se tendaient & se détendaient suivant les besoins; à chaque déplacement du roi & de sa famille, elles étaient chargées, avec la vaisselle & le mobilier nécessaires, sur d'innombrables chariots & transportées à grand'-peine & grands frais dans le nouveau séjour où l'on eût manqué de tout. Les tapisseries avaient donc à l'origine un but d'utilité bien plus que de luxe; ce qui ne les empêcha pas d'affecter de bonne heure un caractère artistique. Les comptes royaux mentionnent à mainte reprise ces belles œuvres d'art; l'un, de 1396, cite « le tappiz du roi, de la bataille des XXX, ouvré d'or & d'argent; un autre grant tappiz de la conqueste d'Angleterre; un autre tappiz des III chevaliers de France qui jousterent en Engleterre; un grant tappiz de la royne Pentassilée; un autre tappiz de deux preuses; le tappiz d'Olivier le baron ». On veillait avec soin, lors de leur transport, à la conservation de ces tapisseries, sans y réussir toujours.

Une chambre[1] du roi Jean, sans doute au palais de la Cité, était ainsi composée : les murs étaient tapissés de six tapis verts, armoriés aux quatre angles des armes de France. A l'une des parois s'adossait un lit recouvert d'une grande courtepointe & surmonté d'un ciel garni de trois rideaux. Au bas du lit une petite courtepointe permettait de poser le pied ; le tout était de *cendal* vert, doublé de toile bleu de ciel. Les rideaux du lit portaient un semis d'étoiles d'or & d'argent brodées sur velours. A côté du lit se déployait un demi-ciel sous lequel le roi faisait sa toilette ; joignez-y deux chaises travaillées à jour, recouvertes de velours azur & peintes par Me Gérard d'Orléans, son peintre ordinaire ; enfin six carreaux de coutil remplis de duvet & recouvert de *samit* vert qui servaient de siège aux personnages de moindre importance. Portes & fenêtres étaient tendues de rideaux de serge verte.

(1) Le moyen âge désignait sous ce terme l'ensemble des étoffes & des tapisseries garnissant les murs & les lits d'une chambre à coucher ; la chambre était, suivant les cas, de *cendal*, étoffe de soie légère & unie, telle que notre taffetas ; de *samit*, étoffe de soie plus forte & plus riche, telle que notre satin ; de *veluyau* ou velours, de drap d'or.

Dans l'oratoire, on trouvait deux carreaux, l'un sans doute pour s'agenouiller, l'autre pour s'accouder, & dans la *chambre des nappes* un *carreau des nappes* pour le siège du roi quand il se mettait à table : tous trois de samit vert.

Enfin deux *selles* ou chaises percées, feutrées & couvertes de cuir & de drap, complétaient l'ameublement intime.

Le service de l'*hostel du roy*, avec son mécanisme compliqué, comprenait nécessairement un très nombreux personnel, depuis les grands officiers & les chambellans, jusqu'aux *galopins* de la *saußerie* ou au *varlet* qui *gardait le papegaut* ou les tourterelles du prince : agents de tout grade & de tout nom ressortissant à la paneterie, à l'échansonnerie, à la cuisine, à l'écurie, sans oublier la chapelle, & même l'aumônier qui surveillait la distribution quotidienne aux pauvres de la desserte royale. Ce personnel, dès le XIII<sup>e</sup> siècle, sous Louis IX, comptait plus de deux cents personnes; il était réglementé par des prescriptions minutieuses qui, fait surprenant, s'étendaient jusqu'à la reine Marguerite elle-même. En 1261, le saint roi ordonne «que ma dame la Royne, pour toutes ses aumosnes & oblacions, ait par an 400 livres & non plus. Et ce est, oultre la disme des vivres de l'ostel que elle doit paier en certains lieus, & oultre treize povres que elle doibt repaistre au samedi... Item, que elle ne rechoive aucun prest ou don, ne ne sueffre prendre ne recevoir à ses enfanz, de nul qui que ce soit...

«Item, que elle se tiegne de appeller avec soy dames ou autres grans personnes, & que quant elles viendront, elle ne retigne point longuement, & que elle ne se abandonne pas de legier a parler a tant de seurvenans, ainçois (mais) se face honestement excuser, si comme il appartient»[1].

Au commencement du XIVe siècle, le personnel des hôtels du roi, de la reine, des enfants de France était monté de deux cents à plus de quatre cents personnes «mengeant à cour»; de là sans doute bien des abus auxquels cherche à parer une ordonnance royale. «Que garchon ne sommelier, se il n'a droict de menger en l'ostel, puis que l'en aura crié : Aus queus[2]!

(1) Arch. nat., Trésor des Chartes, rég. LVII.

(2) Donné l'ordre de servir.

n'entre en l'ostel. Et tantost comme l'en aura crié : Aus queus ! li huissier feront vuidier la sale & li portier feront vuidier la court de toute maniere de gent estrange, & cercheront par chambres & jardins & par préaus, que gens n'i demeurent qui n'i doient de droit menger en l'ostel. Et que nus ne passe la porte, qui emporte ne pain, ne vin, ne viande, ne autre chose de quoy li Roy ne madame la Royne soient domagiez. » Les ordonnances relatives à l'hôtel de la reine portent, avec le naïf sans-gêne du moyen âge, des prescriptions d'un ordre plus spécial. En 1286, « il est ordené que nus chevalier ne autre ne *gira* (couchera) avec sa femme en l'ostel ma Dame ». En 1316, « se il y a aucune damoyselle grosse, elle s'en ira en son hostel si tost comme ne voudra venir menger en sale »[1].

Charles V avait moins le tempérament d'un paladin du moyen âge que d'un ascète arraché au cloître, & n'eût été son connétable, il aurait sans doute passé son règne en sûreté derrière les murailles de ses bonnes villes & dans ses

[1] Mém. rég., fol. 10, 11, 72.

châteaux, à regarder les Anglais sillonner le territoire français; mais c'était un homme singulièrement cultivé, d'esprit réfléchi, de mœurs honnêtes, & possédant au plus haut point les vertus familiales qui font l'admiration de sa biographe Christine de Pisan.

«L'eure de son descouchier a matin estoit rigléement comme de six à sept heures. Après, lui pignié, vestu & ordonné selon les jours, on luy apportoit son bréviaire; le chappellain estoit personne notable & honeste prestre qui luy aidoit à dire ses heures. Environ huit heures de jour, aloit à sa messe, laquelle estoit célébrée glorieusement à chant melodieux & solemnel... A l'issue de sa chappelle, toutes manieres de gens, riches ou povres, dames ou damoyselles, femmes vefves ou autres, povoyent là bailler leurs requestes... Apres ce, aux jours députés à ce, aloit au conseil; apres lequel, environ dix heures, asseoit à table. Son manger n'estoit mie long & moult ne se chargeoit de diverses viandes; car il disoit que les qualités de viandes diverses troublent l'estomac & empeschent la mémoire; vin clair & sain, sans grant fumée, buvoit bien trempé, & non foison. Luy levé de table, vers luy povoyent aler toutes manieres d'estrangiers ou autres, dont souvent il y avoit telle presse que en ses chambres à peine se povoit on tourner; & le tres prudent roy recepvoit tous & donnoit responce. La luy estoient apportées nouvelles & ordenoit ce qui estoit à faire selon les cas.

«Et ainsi en telles occupations exercitoit l'espace de deux heures, apres lesquelles alloit reposer, qui duroit comme une heure. Puis aloit à vespres, apres lesquelles, si c'estoit en esté temps, aucunes foiz entroit en ses jardins, esquelz, se en son hostel de sainct Pol estoit, aucunes fois venoit la royne vers luy, où on luy apportoit ses enfens; là parloit aux femmes, & demandoit de l'estre de ses enfens. En yver, par especial s'occupoit souvent à oyr lire de diverses belles ystoires, de la saincte Escripture, ou des fais des Romains, ou moralitez de philozophes, jusques à heure de soupper, auquel s'asseoit d'assez bonne heure, & estoit legierement pris; puis se retrayoit & aloit reposer [1].

[1] *Livre des fais & bonnes mœurs du roy Charles V*, coll. Petitot, ch. XVI.

« En quel ordre estoit gouvernée la court de la royne Jehanne de Bourbon, s'espouse, tant en estat magnificent comme en honnestes manieres riglées de vivre, si comme en ordonnances de mengs (ménage) & assietes, en compagnie, en serviteurs, en abis, atours, & en tous paremens! En quele digneté estoit celle royne, couronnée ou atournée de grans richeces de joyaulx, vestue es abis royauls, larges, longs & flotans, des plus précieux draps d'or ou de soyes aornés de riches pierres & perles précieuses. Les aornemens des sales, chambres d'estranges & riches brodeures à grosses perles d'or & soyes à ouvrages divers; le vaissellement d'or & d'argent & autres nobles estoremens n'estoit se merveille non[1].

« L'assiete de table (le service de la table), le triumphe & haultece qui y estoient estoit chose à veoir tres agreable & de souveraine plaisance. Pour la joye de ses barons, mengoit en sale commune le roy Charles; semblablement luy plaisoit que la royne feyst entre ses princepces & dames; servye estoit de gentilz-

(1) Était une pure merveille.

hommes de par le roy a ce commis, sages, loyaux, bons & honestes; & durant son mangier, par ancienne coustume des roys, bien ordonnée pour obvyer à vaines & vagues parolles & pensées, avoit un preudhomme en estant au bout de la table, qui sans cesser disoit gestes de meurs virtueux d'aucuns bons trespassez[1]. »

Le service d'un pareil domaine & de son nombreux personnel, l'entretien d'aussi vastes cultures exigeaient de l'eau, beaucoup d'eau : comment l'obtenait-on? Problème compliqué dans les siècles de ce moyen âge, « époque de la soif », a dit un ingénieux écrivain[2], &, il faut bien l'ajouter, d'une sordide malpropreté. Le gros de la population n'avait guère que la médiocre eau des puits, & celle des sources de Belleville ou du Pré-Saint-Gervais, qui « alimentoit douze à quinze fontaines réparties sur la rive droite, ne valoit guère mieux »; de plus, le débit en était assez irrégulier : deux circonstances qui suffisent à expliquer la parcimonie

(1) *Livre des fais & bonnes mœurs du roy Charles V*, ch. XX.
(2) Maxime Du Camp, *Paris*, etc., 1875; t. V, ch. XXVIII.

minutieuse, à première vue presque ridicule, avec laquelle la municipalité parisienne, encore au XVII^e^ siècle, mesurait les concessions particulières : « de la grosseur d'un pois », « le groz de la teste d'une espingle moyenne » sont des termes qui reviennent à chaque instant dans les arrêtés de ce temps qui limitent les prises d'eau. L'hôtel Saint-Paul, cela va sans dire, les hôtels des princes du sang & quelques communautés religieuses jouissaient du privilège de concessions suffisantes. Comment, demandera-t-on, la demeure royale & les autres, voisines de la rivière, pouvaient-elles négliger l'eau qui coulait en abondance à leur portée? Dès cette époque, hélas! & c'est le *Recueil des Ordonnances des rois de France* qui nous l'apprend, « en la rivière de Seine sont jectées & portées lataument (à la dérobée) tant de boes, fiens, gravois, putrefaccions & immundices nuisibles & moult prejudiciables à corps humains & autres, & en est si plainz que ce est grant orreur & abhominacion & un grant merveille, se ne feust le miracle de Nostre-Seigneur, comment les creatures & corps humains, usans en boires & en decoccions de leurs viandes de l'eau d'icelle riviere, ne en enqueurent en tres grans multiplicacions d'inconveniens de mort & de maladies incurables»[1].

Il n'est pas que des côtés estimables dans la vie privée de nos rois : la bête humaine s'y fait jour, cette brutalité des mœurs du moyen âge qui, sous le couvert du prestige royal & en l'absence de toute opinion publique, étale avec un cynisme naïf une liberté d'allures à laquelle répugnerait notre moderne respect du qu'en-dira-t-on. Dès le temps de Philippe Auguste, nous voyons à la cour une personnalité d'un caractère assez mal défini : *le roi des ribauds,* chargé de la police intérieure de l'hôtel & de l'armée. Souvent à une époque récente, on a,

[1] En outre, M. Eugène DEFRANCE, dans son important ouvrage sur les *Barbiers, Perruquiers, Coiffeurs & Coiffeuses à travers l'histoire* (Paris, 1906, Victor Lemasle, éditeur), nous apprend que les *Fraters,* qui faisaient alors office de chirurgiens, jetaient dans la Seine le sang provenant des saignées qu'ils pratiquaient quotidiennement. De prétendues précautions furent enfin prescrites à ce sujet par une ordonnance du Châtelet, datée du 28 juin 1404, *pour porter le sang des personnes qu'ils auront saignées dans la rivière de Seine hors la ville & au-dessous de l'escorcherie aux chevaux qui est au-dessous du Chastel du Louvre.*

semble-t-il, exagéré ses attributions : du moins est-ce lui qui prélevait des redevances sur les maisons de jeu, les tavernes & *les filles publiques à l'usage de la cour;* chargé de l'exécution des condamnés, il recueillait leurs vêtements. «Le roi des ribauds, dit la *Somme rurale,* en a l'execution, & s'il advenoit que aucun forface qui soit mis a execution criminelle, les draps & les habits, quels qu'ils soient, sont au *roi des ribauds* qui en fait l'execution. Le roi des ribauds si se fait, toutes fois que le roi va en ost ou en chevauchée, appeler l'*executeur des sentences & commandements* des mareschaux & de leurs prevosts. Le roi des ribauds a, de son droit, à cause de son office, connaissance sur tous jeux de dez, berlens & d'autres qu'ils se font en ost & chevauchée du roi; item, sur tous les logis des bourdeaux & des femmes bourdelieres, doit avoir deux sols la semaine; item, à l'execution des crimes, de son droit, les vestemens des exécutés par justice criminelle[1].» Du Tillet ajoute, aux prérogatives de ce roi de la canaille, la sui-

[1] Voir *Le Grand Coustumier* ou *La Somme rurale,* de Jean Bouteiller. Paris, 1537, in-fol., & d'autres éditions.

vante : les *filles publiques qui suivaient la cour* étaient tenues de faire, durant tout le mois de mai, le lit du roi des ribauds.

C'est qu'une cour comme celle du roi de France, avec son entourage de demeures seigneuriales pressées autour de celle du maître, de courtisans riches & aux mœurs faciles, était une proie toute désignée aux convoitises des industries interlopes. Le roi une fois à l'hôtel Saint-Paul & aux Tournelles, toute une population de filles échappées des ruelles de la Cité émigra sur ses pas & vint habiter à son ombre une série de rues dont les plus connues étaient celles de *Tiron* & de *Pute-y-muße*.

Plus tard, ce fut *la dame des filles de joie suivant la cour* qui assuma la charge de l'escadron féminin[1]. Il y avait encore un roi des ribauds

[1] Cette charge n'était pas une sinécure. Les filles étaient naturellement indisciplinées & couraient la campagne, pendant que des concurrentes du dehors s'introduisaient furtivement à leur place, sans être régulièrement attachées à la cour. Une ordonnance de juillet 1558 «enjoinct & commande à toutes filles de joye & aultres non estans sur le rolle de la dame des dictes filles, vuider la cour incontinent apres la publication de ceste ordonnance, avec deffense a celles estans sur le rolle de la dicte dame d'aller par

au milieu du xve siècle; le dernier date, suivant toute apparence, du règne de Louis XII.

Charles V, le prince aux mœurs rigides, ressembla à saint Louis par sa prédilection pour les moines : si ce dernier voulait devenir jacobin, Charles V pensa à entrer dans l'ordre de Cluny. Ces dispositions ne l'empêchèrent pas de tenir auprès de lui des *fous*, espèces de niais ou de bouffons, parfois aussi de plaisants patentés qui, à la faveur de quelque infirmité corporelle & grâce à leur don de réparties imprévues, à leur esprit primesautier, jouissaient auprès du prince d'une liberté d'allures exclusivement personnelle. Ils possédaient la prérogative d'entrer les premiers dans la chambre du roi, de parler à leur fantaisie sans attendre d'être interrogés, & de décocher impunément leurs traits malicieux contre les plus hauts seigneurs. Une fois coiffé du bonnet pointu à longues oreilles, la marotte au poing, la vessie à la ceinture

les villaiges, aux charretiers, muletiers & aultres, les mener, retirer ni loger; jurer & blasphémer le nom de Dieu, sur peine du fouet & de la marque; & injonction, par mesme moien aus dictes filles de joye d'obeyr & suyvre la dicte dame, avec deffense de l'injurier, sur peine du fouet».

& vêtu de la livrée aux couleurs du maître, le fou devait gambader, jouer de la cornemuse ou de la trompette & raconter des histoires plaisantes.

Ce sont les croisés qui, rencontrant dans l'entourage des empereurs byzantins cette variété de bipède, l'importèrent à la cour de France; la charge y fut exercée par des titulaires qui se succédaient après décès. Ce poste, c'est la ville de Troyes qui eut longtemps le singulier privilège de le pourvoir. Interrogez les archives de cette ville : voici une lettre de Charles V «aux maieur & eschevins de notre bonne cité de Troies»[1], les informant «que Thevenin, nostre fol de cour, vient de trespasser de cestuy monde dans l'aultre. Le Seigneur Dieu veuille avoir en gré l'âme de luy, qui oncques ne faillit en sa charge & fonction aupres nostre royale Seigneurie & mesme ne voulut trespasser sans faire quelque joieuseté & gentille farce de son mestier. Ores, comme par le trespassement d'iceluy la charge de fol

[1] Retrouvé dans les archives municipales de cette ville.

en nostre maison est de faict vacquante, avons ordonné & ordonnons aux bourgeois & villains de notre bonne ville de Troyes qu'ils veuillent, par droict à nous acquis ça depuis longues années, nous bailler un fol de leur cité pour recréer nostre Majesté & les seigneurs de nostre palais. Le tout sans délai ni surcis aulcuns».

Plus tard, c'est un compte de Charles VI duquel il ressort que ce roi, qui, lui-même, pendant plus de trente ans, fut un fou régnant, favorisait tout particulièrement, peut-être comme confrère, les porte-marotte; il les habillait à neuf, plus souvent que lui-même, d'étoffes pareilles à celles de sa *chambre* & leur fournissait par an jusqu'à quarante-sept paires de chaussures, «vu qu'ils piétinoient beaucoup».

Louis XI, qui fit périr son frère, l'intrigant duc de Guyenne, avait aussi son fou, & n'eut pas lieu de s'en féliciter : il sut bien écarter les soupçons, mais non les remords. Un jour, prosterné aux pieds de Notre-Dame de Cléry, il s'accusa de son fratricide; son fou était seul auprès de lui, & ce pauvre diable, «duquel il ne se doubtoit qu'il feust si fol, fat, sot, qu'il ne peust riens rapporter», lui répéta la litanie devant tout le monde à dîner; mais à quelque temps de là, *il paßa le pas comme les autres*[1].

Faut-il rappeler encore les bons mots & les ingénieuses réparties de Triboulet, le *fol sage* ou *morosophe* de Louis XII, puis de François Ier, dont Victor Hugo a fait une création fameuse? Le Triboulet de l'histoire, lui, n'était qu'un pauvre homme de Blois, le jouet des pages & des laquais. Louis XII, plus humain, l'attacha à sa personne comme *fol :* à cette époque, Marot nous le représente

*.....de la tête écorné ;*
*Außi sage à trente ans que le jour qu'il fut né.*
*Petit front & gros yeux, nez grand, taillé à voste,*
*Estomac plat & long, hault dos à porter hote,*
*Chascun contrefesoit, chanta, dansa, prescha,*
*Et de tout si plaisant qu'onc homme ne fascha.*

On connaît même des *folles* de cour, telle cette Mathurine, folle de Henri IV, qui se trouvait auprès de lui chez Gabrielle d'Estrées[2],

(1) BRANTÔME, *Œuvres complètes,* édit. Lalanne, t. II, p. 330-331.

(2) A l'hôtel Du Bouchage, remplacé plus tard par l'Oratoire, entre l'angle nord-est du Louvre & la rue Saint-Honoré.

le jour où Jean Châtel le blessa à la lèvre. Croyant d'abord à une simple brusquerie de cette créature, le roi se contenta de la repousser en disant : « Peste soit de la folle! elle m'a fait mal. » Pendant ce temps, la folle courait fermer la porte, coupant la retraite au régicide[1].

Singulier état moral que celui d'une société qui admettait un usage tellement contraire à la pitié & aux droits de la dignité humaine. Au XVIIe siècle, & à mesure que la cour apprenait à goûter des distractions plus délicates, cette mode tendit à disparaître. Le dernier que l'on rencontre de ces fous fut l'Angély, dont le nom revient dans deux satires de Boileau. Impitoyable dans ses sarcasmes sous le couvert de son titre, il eut l'adresse, tout en faisant rire les courtisans, de se faire souvent payer assez cher ses ménagements qui lui assurèrent une somme fort ronde.

*Et l'esprit le plus beau, l'auteur le plus poli*
*N'y* (à la cour) *parviendra jamais au sort de l'Angély.*

(Sat. VIII.)

[1] *Journal de L'Estoile,* édit. Brunet & Champollion, t. VI, p. 247.

Ce n'est pas sans raison qu'on le redoutait : il avait à l'occasion des mots cruels ; témoin son aventure avec M. de Nogent, petit gentilhomme très avide de la faveur du roi, qui ne pouvait le souffrir. Se trouvant un jour avec lui face à face devant Louis XIV, il lui dit à brûle-pourpoint en se couvrant : « Monsieur le Comte, couvrons-nous ; pour des gens comme nous, cela est sans conséquence. » Et Ménage, auteur de l'anecdote, ajoute que « le pauvre Nogent fut si mortifié de cet affront qu'il en mourut peu après ».

Les fêtes de la cour offraient à la royauté l'occasion de déployer un luxe qui n'a guère été dépassé depuis : c'étaient un peu, à vrai dire, des fêtes nationales, car « le populaire » parisien, également badaud à toute époque, prenait largement sa part du spectacle, oubliant, dans cette distraction d'une heure, ses maux de tous les jours.

En janvier 1378, Charles V reçut au palais de la Cité l'empereur Charles IV & son fils Venceslas, roi des Romains. Le cortège comprenait à la fois la suite impériale & les dignitaires venus avec la cour à sa rencontre; il était, suivant l'habitude générale au moyen âge, si étendu que la tête en arrivait déjà à la tour de l'Horloge alors que les derniers rangs atteignaient à peine la Villette. Le roi offrit un dîner à ses hôtes dans la *Grand Salle*[1]. « parée de tapis de haute lisse à images tout autour, si bien ordonnées & si à poinct mises que les rois qui sont de pierre tout autour n'étaient point occupés ou empeschés de voir ». Nous n'insisterons pas sur le luxe des tables, des dais, des ciels de drap d'or bordé de *veluyau* (velours) aux armes du roi, des dressoirs à vin, de la vaisselle d'or, des flacons d'argent émaillé, des quarante paires de mets pour ce banquet de huit cents personnes. Deux *entremets*[2] coupèrent le repas : le premier était « l'histoire & l'ordonnance comment Godefroy de Bouillon conquist la cité de Jérusalem ». On construisit au bout de la salle « une nave de mer, garnie de voiles & de mâts, chasteau devant & derriere, joliment peinte & habillée & très richement &

(1) Aujourd'hui la salle des Pas-Perdus.

(2) Ou *intermèdes :* telle est la signification primitive de ce mot.

plaisamment. Et dedans estoit garnie de gens par semblance armés bien joliment, & estoient leurs cottes d'armes, leurs escus & bannières tels que Godefroy de Bouillon portoit. Et estoit au devant sur le bout de la dicte nef, Pierre l'Ermite. Et fut la dicte nef menée tres legierement & si bien tournée qu'il sembloit que ce fust une nef flottant sur l'eau ». — Le deuxième intermède était « faict à la façon & semblance de la cité de Jérusalem, & y estoit le temple bien contrefaict, & là avoit une tour haute, ainsi comme les Sarrasins ont de coustume, où ils crient la loi. Là y avoit un homme vestu en habit de Sarrasin, & qui, en langue arabique crioit la loi. Et le bas tout entour de la cité avoit forme de creneaux & estoit garny de Sarrasins armés à leur maniere. Et lors se mirent les deux *entremets* l'un contre l'autre & descendirent ceux de la nef & vinrent donner assaut à la cité. Finalement gagnèrent ceux de la nef & conquirent la cité & jetoient hors les Sarrasins »[1].

Du palais les souverains allèrent loger au Louvre où ils furent harangués par l'Univer-

[1] *Les Grandes Chroniques de France*, édit. P. Paris, t. VI, ch. LXIV.

sité, & le dimanche suivant ils montèrent « en un grant batel, faict & ordonné en manière d'une maison où sont salle & deux chambres tout à cheminées & plusieurs autres retraits & necessaire, & es chambres avoit lits & ciels tendus comme en une maison appartient, dont l'empereur & ses gens prenoient très grant plaisir », se rendant droit à Saint-Paul où résidait la reine avec ses enfants. « Et quant il furent au dit hostel jusques au milieu de la court[1], le daulphin ainsné fils du roi & monseigneur Loys, comte de Valois[2], enfans du roy, se agenouillerent contre le roy & alerent apres saluer l'empereur en sa chaiere où on le portoit[3] & les baisa & osta son chapeau. Et puis l'empereur voult aler veoir la royne, & ensemble y alerent l'empereur, le roy & le roy des Romains, & y avoit grant foule & grant presse de seigneurs, tellement que a peine povoit-on passer aux huis. Toutes voies vindrent eus jusques a la vieille chambre de la royne, pres

(1) Sans doute à l'hôtel de Sens, le plus voisin de la berge.

(2) Plus tard le duc d'Orléans.

(3) La goutte l'empêchait de marcher.

de la sale où est l'ystoire de Theseus. Et la estoit la royne au devant du roy & de l'empereur, laquelle avoit un tres riche cercle sur sa teste. Et quant l'empereur vit la royne, il osta son chaperon, & la royne le salua & baisa, & la royne estoit encoste luy & le roy devant qui tenoit le roy des Romains que la royne salua & baisa aussi; & l'empereur & le roy des Romains baisierent toutes les dames qui estoient leans du lignage de France. Et lors demanda moult de fois l'empereur la duchesse de Bourbon, mère de la royne, laquelle estoit a un bous de la dite chambre, hors de la presse, & fu amenée a l'empereur. Et quant il furent pres l'un de l'autre, l'empereur commença si fort à plourer, & la dite duchesse aussi que c'estoit piteuse chose a regarder; & les causes si estoient pour la memoire qu'il avoit eu de ce que la seur de la dite duchesse avoit esté sa premiere femme; & oncques en celle place ne porent parler ensemble; mais pria l'empereur que apres disner il la peust veoir & parler a elle plus secretement, & ainsi fu fait. De la prist congié de la royne, & fu aporté le dit empereur en la chambre du daulphin de Viennois, ainsné fils du roy, laquelle chambre estoit richement appareillée pour lui. Et le roy ala disner en la sale de Sens & y mena le roy des Romains & toutes les gens de l'empereur. Et endementres[1] que l'on disna, l'empereur s'estoit fait mettre dormir, & apres le disner du roy & vin & espices données, le roy se retraist en sa chambre, & le roy des Romains voult aler veoir les lyons, & en sa compaignie y furent les frères du roy; & quant l'empereur fu esveillié, la devant dite duchesse de Bourbon fu menée devers l'empereur, & parlerent longuement ensemble. Et assés tost apres, le roy y envoia la royne par les galetas[2] & ses enfans le daulphin de Viennois & le comte de Valois, de quoy l'empereur fu moult lié & fu la royne longuement assise encoste luy & parlerent longuement ensemble. Et luy donna la royne un beau reliquaire d'or, garni du fust de la vraie croix & tres richement garni de pierrerie; & le daulphin luy donna deux tres beaux brachés[3]; des quelles choses

[1] Pendant que.

[2] Chambres des étages supérieurs : nous avons donné plus haut l'explication de ce terme.

[3] Lévriers.

fist moult semblant de joie & y prist tres grant plaisir, & en mercia la royne & le dict daulphin. Et pour ce qu'il estoit sus le vespre, & que l'empereur & le roy devoient aler au bois de Vincennes, le roy vint en la chambre de l'empereur pour le faire partir; & lors prist congié la royne de l'empereur. Et lors vint le roy des Romains devers la royne & prist congié d'elle, & elle lui donna un tres bel & riche *fermail*[1] d'or garni de pierrerie. Et tantost se partirent[2]. »

Charles VI hérita de la prédilection de son père pour l'hôtel Saint-Paul[3], & il y donna à son exemple des fêtes dont Froissart, le chroniqueur de la société élégante de son temps, nous a laissé la description. En août 1389, la jeune reine Isabeau fit son entrée à Paris & fut couronnée à la Sainte-Chapelle. Cette fois encore le banquet de circonstance fut servi dans

(1) Agrafe.

(2) Ouvrage cité, ch. LXV & LXVIII.

(3) Il en avait affecté l'une des cours au jeu de paume, cet exercice favori des siècles passés. Vers 1392, on garnit d'une haute grille un balcon, afin que le pauvre malade pût sans danger suivre des yeux les mouvements des joueurs.

la *Grand Salle* de l'antique palais, sur la table de marbre. « Là estoient sergens d'armes, huissiers & massiers moult grant foison, qui gardoient les barrieres de la table du roy, a seule fin que nul estrangier n'y entrast; car on ne se povoit retourner fors a grant peine. » A deux autres tables étaient assises plus de cinq cents damoiselles qu'on put à peine servir : l'une de ces tables « fut de force ruée par terre ». L'*entremets* représentait la prise de Troie, mais ne put être achevé, tant la chaleur était grande. « La royne fust sur le poinct d'estre moult mesaisée, & convint rompre une verriere qui estoit derriere elle, pour avoir vent & air. » Vers le soir, la reine se rendit en litière découverte à l'hôtel Saint-Paul, « & les dames aussi en leurs littieres & sur leurs pallefrois. En la compaignie de la royne avoit plus de mille chevaulx ». Le roi alla la rejoindre de son côté « en ung batel sur Sainne & se fist navier parmi la riviere. On avoit fait faire en la court qui contient grant place une tres haulte sale, laquelle estoit toute couverte de draps escrus de Normandie, & les parois estoient parées & couvertes à l'environ de draps de haultes lices d'estranges histoires lesquelles on veoit tres voulentiers. Et dedans cette salle donna le roi a soupper aux dames, mais la royne demoura en ses chambres, & la souppa. Et les autres dames, le roy & les seigneurs danserent & esbatirent toute la nuit jusques sur le point du jour que les festes cesserent & retournerent chascun & chascune en son lieu pour dormir & reposer» [1].

Le lendemain, les bourgeois députés par la ville offrirent les présents de la bourgeoisie parisienne portés sur un brancard par deux hommes costumés en sauvages. Ces délégués s'agenouillèrent en disant : «Très chier sire, vos bourgeois de la ville de Paris vous presentent un don en joyeux avenement de vostre regne.» Le roi répondit : «Grand merci, bonnes gens, ils sont beaux & riches.» A la reine, deux hommes, « figurés l'un en la forme d'un ours, l'autre en la forme d'une licorne », apportaient un assortiment de vaisselle en métal précieux : bassins d'argent, plats, écuelles, lampes, pots, salières, drageoirs, une nef d'or. La duchesse

[1] *Chroniques* de Froissart, édit. Kervyn de Lettenhove, t. XIV, p. 14-17.

de Touraine reçut des présents presque de valeur égale. « Il me fut dict, ajoute Froissart, que tous ces présents avoient cousté plus de soixante mil couronnes d'or[1]. » Somme très considérable pour le temps, & qui confond le penseur moderne, lorsqu'il rapproche la misère accumulée par la guerre étrangère, les troubles civils & les désordres de l'anarchie administrative d'un luxe en joyaux, en tapisseries, en étoffes précieuses qui semblait réaliser les féeries des Mille & une Nuits.

Depuis le commencement du xv^e^ siècle, la royauté possédait en face de l'hôtel Saint-Paul, de l'autre côté de la rue Saint-Antoine, une demeure de plus, le palais des Tournelles. Fondée par le chancelier de Charles V, Pierre d'Orgemont, entre les rues Saint-Antoine, Saint-Gilles, le couvent de Sainte-Catherine & la muraille d'Étienne Marcel[2], cette demeure, l'une des plus belles de Paris, avait fini par tomber aux mains du duc d'Orléans. Sous la domination anglaise, le régent Bedford s'y

(1) Ouvrage cité, p. 18-20.

(2) Elle suivait une ligne coupant par le milieu la rue actuelle de la Bastille.

établit & y exécuta des travaux considérables, notamment dans le parc qu'il agrandit aux dépens de ses voisins, les religieux de la Culture Sainte-Catherine. Entouré d'une enceinte fortifiée, de distance en distance, par de nombreuses *tournelles* qui lui avaient donné son nom, cet hôtel ouvrait sur la rue Saint-Antoine son entrée principale que surmontait l'écu de France peint à l'huile d'or & d'azur; un ange soutenait l'écu & la couronne également peinte d'or.

Les bâtiments étaient très vastes : comme à l'hôtel Saint-Paul, il y avait beaucoup de préaux, de chapelles, de galeries, dont celle des *Courges,* ainsi nommée des peintures qui la décoraient; les salles du *Conseil,* des *Écoſſais,* la salle *Pavée,* à cause de sa mosaïque en carreaux de faïence verts & jaunes. Dans les jardins, le régent entretenait des paons, des coqs, des chapons de Flandre, des oiseaux rares qui peuplaient une grande volière en fil d'archal, éclairée par des vitres, chose alors assez rare.

En 1437, Paris était rendu à la France; Charles VII, rentré dans sa capitale, descendit à l'hôtel d'Étampes, mais pour peu de temps;

vieilli, soupçonneux, il ne quittait guère ses châteaux du Berry, tandis que le dauphin vivait en Brabant. Le Louvre, l'hôtel Saint-Paul & les Tournelles étaient déserts & négligés.

L'antipathie de Charles VII pour l'ancien hôtel de ses deux prédécesseurs se retrouva chez Louis XI : il commença bien, aussitôt après son avènement, par habiter l'Hôtel-Neuf, mais quitta bientôt la ville, & resta absent durant des années. De retour à Paris après Montlhéry, il s'installa aux Tournelles. La vieille demeure de Charles V & de Charles VI avait décidément perdu sa vogue. Si elle avait été, comme le Louvre, le palais de la Cité, un bâtiment homogène, peut-être eût-elle subsisté ; cet assemblage composite de bâtiments ne se prêtait que trop bien à un morcellement. Louis XI avait commencé par donner à l'un de ses grands officiers l'hôtel de la Reine. Après un abandon de près d'un demi-siècle, François I<sup>er</sup>, pressé par le besoin d'argent, avisa ce domaine « fort vague & ruineux, vielz ediffices, cours & jardins, ung vieil portail & poterne sur la rue Saint-Paul, ung corps d'hostel qui estoit couvert d'ardoise, & y a encores quelque portion de la dicte couverture, grans galleryes anciennes, corrompues, en dangier de choir, grans chantiers de bois, salles vieilles, caducques, chutes & fondues » ; il vendit, en trente-six lots, la plus grande partie du terrain, & Henri II aliéna le reste que se partagèrent la favorite Diane de Poitiers & l'architecte Philibert Delorme. Fin mélancolique d'une demeure royale qui avait vu des jours non sans éclat : il n'en reste plus aujourd'hui qu'un souvenir conservé dans le nom de quelques rues[1].

Abandonné depuis Charles VI, le palais trouva un regain d'animation sous Louis XI qui y installa comme *concierge*[2] son médecin Coictier, &, se méfiant peut-être de l'empressement de ses successeurs, prit soin, dès 1471, d'élever lui-même sa statue dans la galerie des rois.

Charles VIII répara la façade de l'ouest qui menaçait ruine & commença les nouveaux bâtiments de la Chambre des Comptes que

(1) Les rues Beautreillis, des Lions, de la Cerisaie, Charles-V.

(2) Ou gouverneur : telle est la signification originaire de ce terme.

Louis XII fit achever par l'Italien fra Giocondo. La façade, avec ses grands combles d'ardoise à hautes lucarnes ajourées, ses fines cheminées, ses tourelles en encorbellement & l'escalier tournant, passait pour l'une des plus jolies productions de la Renaissance. Le roi se plaisait dans cette demeure ainsi rajeunie, si bien placée au milieu du fleuve pour faire valoir le panorama « quand il se pourmenoit dans le jardin sur son petit mulet ». On lui avait ménagé « depuis le bas du grand degré jusqu'en haut une allée faicte d'ais & planches de nattes où son mulet le montoit, pour le mener jusqu'à la *Grand Chambre* où ses gentilshommes le prenoient & le portoient en sa place sous le dais. C'est là qu'il entendoit les plaidoiries des célèbres & excellens esprits, & ceulx qui plus dignement remplissoient leurs fonctions en la justice, les remarquoit pour s'en servir ». Cette grand'chambre du Parlement était décorée d'un tableau célèbre, le *Calvaire,* attribuée à Van Eyck ou Jean de Bruges, & qui se trouve aujourd'hui au Louvre. La scène de la Crucifixion est accompagnée, dans le fond, d'une vue de Jérusalem & de plusieurs monuments parisiens : la tour de Nesle, le Louvre, le palais, qui sont représentés avec une fidélité scrupuleuse. Cette vue de Paris, qui date environ de 1455, est la plus ancienne que nous connaissions.

La mort tragique de Henri II avait rendu odieux à la reine Catherine le palais des Tournelles, théâtre de l'accident; elle le quitta, laissant les bâtiments tomber en ruine. Charles IX y conserva quelque temps ses volières, ses chenils, puis il le fit démolir, & la cour principale fut affectée à un marché aux chevaux. Henri IV trouva le voisinage importun pour les hôtels aristocratiques, alors nombreux dans le quartier, & le déplaça. La vaste place restait vacante : il laissa quelques entrepreneurs élever sur le côté sud un premier corps de logis conçu suivant le goût si gracieux de l'époque; la tentative réussit, & le roi enchanté décida «d'en faire une place publicque bastye des quatre costés, nommée la *place Royalle,* laquelle peust estre propre à servir de proumenoir aux habitans fort pressez en leurs maisons, comme aussy aux jours de resjouissances lorsqu'il se faict de grandes assemblées».

Ainsi s'élevèrent, sur les quatre côtés, des pavillons à quatre fenêtres de façade, dont les constructeurs s'engagèrent à les conserver toujours indivis «afin qu'ils ne peussent estre gastés par les partages & séparations des cohéritiers» : au sud, le pavillon du Roi, plus élevé & orné que les autres, sur la rue Saint-Antoine; au nord, celui de la Reine. Cet ensemble, si original à la fois & si gracieux, n'a guère changé depuis lors.

# DEUXIÈME PARTIE

LES

# DEMEURES ARISTOCRATIQUES

## PARISIENNES.

---

La monarchie nationale, dont nous avons, dans un précédent chapitre, visité les belles demeures, eut des débuts difficiles; fort précaire, on est trop porté à l'oublier, était son autorité sur les grands vassaux souvent aussi puissants, parfois davantage. A la longue, par héritages, par mariages, le roi se plaça hors de pair & réussit à grouper autour de lui ces seigneurs si fiers; bien mieux, il finit par les domestiquer : un Montmorency devient connétable; un Garlande, bouteiller; un comte d'Anjou, sénéchal.

Paris devint la capitale prospère d'un royaume puissant; ses cours de justice, son enseignement, ses arts, sa littérature proclamaient sa réputation. Les grands barons, ralliés à la royauté, se firent un honneur de posséder une demeure digne d'eux à proximité de la cour, d'autres y étaient graduellement amenés par leurs affaires ou leurs plaisirs.

Les princes du sang & les grands barons furent les premiers à traduire dans la construction de demeures vastes & élégantes l'adoucissement progressif des mœurs ; à leur exemple, les prélats, les hauts magistrats, de riches bourgeois même se piquèrent de transformer leurs modestes maisons de bois en édifices de pierre.

Par la qualité des personnages qui les ont habitées, souvent aussi par l'éclat des événements dont elles ont été le théâtre, ces demeures appartiennent en quelque sorte à l'histoire nationale ; c'est une double raison qui nous invite à évoquer leur souvenir de l'abîme du passé : en fixant de notre mieux, au milieu des bouleversements modernes, leur antique emplacement ; en relevant, si possible, les restes mutilés qu'elles nous ont légués.

Ne remontons qu'au XIIIe siècle. Voici d'abord le frère de saint Louis, Charles d'Anjou, devenu plus tard roi de Sicile ; il possédait à l'enrrée de la rue qui porte encore aujourd'hui son nom un vaste hôtel couvrant presque tout l'emplacement compris entre les rues Pavée & de Sévigné; puis le cardinal de Birague le restaura de fond en comble au XVIe siècle. De main en main la riche demeure passa en 1713 dans celles des Caumont La Force qui y donnèrent des fêtes brillantes; vers la fin du même siècle, elle était devenue, amère déchéance, une prison, la première où Necker introduisit la réforme du régime pénitentiaire réclamée par les philosophes & l'opinion publique. La prison de La Force comporta, dès 1762, six divisions dont l'une, trait caractéristique, était affectée aux débiteurs qui négligeaient de payer les mois de nourrice de leurs enfants. Vint la Révolution, & la rude geôle dut aux massacres de septembre 1792, au meurtre de la princesse de Lamballe, sa sinistre renommée[1]. Elle disparut enfin au

[1] La violence subite avec laquelle éclata le drame sanglant n'eut d'égal que l'apaisement presque aussi prompt qui succéda à la mort de l'illustre victime, & la mansuétude inattendue avec laquelle certains prisonniers furent élargis par le tribunal populaire : symptôme saisissant de la mobilité d'humeur & de l'inconscience tra-

milieu du siècle dernier pour faire place à la rue Malher.

Ce fut encore un petit-fils du saint roi, Louis I^er^ de Bourbon, qui devint, au commencement du XIV^e^ siècle, possesseur de ce fameux hôtel de Bourbon, le *Petit Bourbon,* qui s'élevait vis-à-vis de la façade orientale du Louvre, sur l'emplacement actuel du jardin de l'Infante. Démoli en 1660 pour faire place à la Colonnade, il avait appartenu au connétable de Bourbon qui l'habita jusqu'au moment de

gique de la foule au milieu des scènes qui eussent inspiré Shakespeare. Un frère du ministre Bertrand de Molleville raconte dans ses souvenirs qu'il offrit une récompense aux massacreurs en échange de sa liberté; ces hommes encore couverts de sang repoussèrent ses asssignats, insistant pour le reconduire auprès de sa belle-sœur dont il se réclamait, «car, disaient-ils, ça nous ferait bien plaisir de vous voir contents l'un & l'autre». (Bertrand DE MOLLEVILLE, *Mémoires particuliers,* t. II, p. 217.) Le même jour, on en libéra beaucoup d'autres, notamment un frère de lait de Marie-Antoinette & ennemi décidé de la Révolution, l'Autrichien Weber. Quand Weber sortit, protégé par deux gardes qui lui donnaient le bras, des femmes du peuple, remarquant qu'il portait des bas blancs (c'est Weber lui-même qui l'attesta plus tard), interpellèrent aigrement ses guides: «Mais prenez donc garde, vous faites marcher Monsieur dans le ruisseau.» (*Mémoires* de WEBER, publ. par Berville et Barrière, t. II, p. 348.)

son exil & de sa trahison. L'hôtel porta longtemps le stigmate mérité par le maître : jusqu'au XVII^e^ siècle la porte en resta peinte en jaune en signe d'infamie.

La grande salle du Petit Bourbon servait pour les fêtes royales, & nous savons, par un curieux passage du *Francion*[1] de Sorel, quelle affluence l'encombrait quand on y donnait les ballets du roi. Après le fameux ballet de la Reine, donné en 1581 pour le mariage du duc de Joyeuse, l'un des « mignons », le plus brillant fut celui de la *Nuit*, que Louis XIV dansa pendant le carnaval de 1653. « La longue galerie de Bourbon qui jette sur la rivière », dit Sorel, servit en août de la même année aux représentations des comédiens italiens, &, de 1658 à 1660, Molière y vint faire alterner le spectacle de ses comédies avec ceux de ces farceurs.

Nous ne sommes pas loin ici de la rue des Bourdonnais, qui est fort ancienne; Philippe

[1] Héros d'un roman de mœurs précieux pour l'histoire de la vie privée aux XVI^e^ & XVII^e^ siècles; il nous rapporte avec admiration la splendeur des fêtes royales où il s'est glissé en dépit des avanies que lui inflige l'impertinence des courtisans.

le Long, avant son avènement, alors qu'il n'était encore que comte de Poitiers, y possédait cette magnifique maison des *Carneaux* ou *Créneaux*[1] qui appartint, vers la fin du XIV^e^ siècle, à la famille de La Trémouille, & au XVII^e^ siècle, à celle de Bellièvre. Si l'on eût écouté M^me^ de Sévigné, cet hôtel, abattu vers 1840, au grand scandale & aux vifs regrets des amis de l'architecture du moyen âge dont c'était l'un des derniers & des plus charmants joyaux, aurait disparu dès la fin du XVII^e^ siècle. Les Bellièvre, en effet, fidèles au culte de la maison patrimoniale, persistaient à conserver intact le vieil hôtel, & à ne pas commettre, quelque prix qu'on leur en offrît, l'acte de vandalisme accompli au XIX^e^ siècle. «C'est dommage, écrivit à cette occasion la spirituelle étourdie, que Molière soit mort, il ferait une très bonne farce de ce qui se passe à l'hôtel de Bellièvre. Ils ont refusé 400,000 francs de cette charmante maison que vingt marchands voulaient acheter parce qu'elle donne dans quatre rues & qu'on y avait fait vingt maisons;

[1] Ainsi nommée de l'enceinte crénelée qu'elle possédait tout comme l'hôtel de Cluny.

mais ils n'ont jamais voulu la vendre, parce que c'est la maison paternelle, & que les souliers du vieux chancelier en ont touché le pavé, & qu'ils sont accoustumés à la paroisse Saint-Germain-l'Auxerrois, & sur cette vieille radoterie, ils sont logés pour vingt mille livres de rente. Que dites-vous de cette manière de penser?[1] »

De la rue Étienne-Marcel, entre les rues Saint-Denis & Montorgueil, à quelques pas du spectateur, s'élève une tour rectangulaire de vingt mètres de hauteur; un coup d'œil suffit pour en fixer l'origine aux premières années du xve siècle. C'est la *tour de Jean sans Peur,* reste précieux de l'architecture civile à caractère défensif de cette époque; nous y admirons le puissant appareil en pierres de taille, les baies ogivales qui s'étagent sur les quatre côtés, & les mâchicoulis qui bordent comme d'une frange la haute terrasse en encorbellement.

Plus que tout le reste, c'est l'intérieur qui s'impose à l'attention du visiteur. L'escalier,

(1) Lettre du 16 juillet 1675.

logé dans une tourelle à pans coupés, s'arrête aux deux tiers du donjon. Il est resté intact; cent trente-huit marches de pierre rayonnent autour d'une colonne centrale. Les portes carrées à moulures, les fenêtres semblables à des meurtrières, & jusqu'à l'étrange emblème qui couronne le plafond de l'escalier, tout y porte encore la rude empreinte du premier maître.

Cet emblème, disons-le de suite, a son histoire. Du chapiteau de l'arbre de pierre autour duquel tournent les degrés s'élancent les rameaux d'un chêne vigoureux, dont le feuillage tapisse toute la voûte; leurs robustes nervures n'y forment pas moins de quatre travées d'ogives. Rien de plus bizarrement élégant, en vérité, que cette vigoureuse végétation de pierre, qui évoque au premier abord le souvenir de Louis d'Orléans : c'était bien son emblème, ces bâtons noueux comme les branches du chêne de pierre, avec la devise : *Je l'ennuie.* Tout à côté se lit la réponse de l'adversaire qu'il *ennuyait,* le duc Jean sans Peur. Sur la gauche de la tour, le tympan ogival d'une des baies extérieures porte au milieu de fleurons gothiques des sculptures d'une signification sinistre : un fil à plomb & deux rabots. Ces rabots proclament sans ambages l'intention de raboter les bâtons d'Orléans, & la catastrophe du 23 novembre 1407 acheva d'en souligner la portée. Mais la victime, peu intéressante sans doute, pouvait avoir laissé des amis zélés à poursuivre sa vengeance; le duc de Bourgogne avait à se garder d'eux aussi bien que du populaire peut-être accessible à leurs excitations; & lorsque, trois ans après, il revint à Paris, son premier soin fut de s'assurer, par la construction d'une tour haute & solide, un refuge inexpugnable. «Il fist faire, raconte la *Chronique de Monstrelet,* & édiffier à puissance d'ouvriers une forte chambre de pierre bien taillée en manière d'une tour, dedans laquelle il se couchoit par nuict. Et estoit ladicte chambre fort avantageuse pour le garder[1].»

Cette nouvelle tour renforçait sensiblement la défense déjà très puissante du vaste hôtel adjacent que le duc Jean avait hérité quelques années plus tôt de sa mère la comtesse d'Artois. Demeure vraiment royale que cet *hôtel*

[1] Voir l'édition de M. Douët d'Arcq, t. I, p. 177.

*d'Artois-Bourgogne :* pas de plus grand dans tout Paris, ni de mieux défendu à cette époque où les seigneurs se battaient sans cesse d'une demeure à l'autre. L'énorme muraille de Philippe Auguste, englobée dans la nouvelle enceinte de Charles V, s'éternisait sans objet au cœur de la cité, protégeant le donjon & l'hôtel. Sur ses pans épais on faisait des jardins, on disposait des promenades ou des jeux de boules. Une chronique postérieure d'un demi-siècle nous montre le duc Philippe le Bon, & le duc d'Orléans, père de Louis XII, se promenant de l'hôtel d'Artois-Bourgogne à celui d'Orléans-Soissons[1] sans quitter la crête de la muraille. « Alors, dit notre chroniqueur, monseigneur le duc de Bourgogne & le duc d'Orléans & madame sa femme alloient après souper esbattre & passer temps au long & dessus les anciennes murailles de Paris depuis ledict hostel d'Artoys jusque dedans ledict hostel d'Orléans, vers les Halles, sans que ceulx de la ville les veissent. »

Sous Louis XIV, l'hôtel d'Artois-Bour-

[1] Sur l'emplacement actuel de la Halle au blé.

gogne, vendu & morcelé dès le temps de François Ier, n'existait plus depuis longtemps; sur une partie de son emplacement s'élevait un théâtre exploité d'abord par *les Confrères de la Paßion;* au siècle suivant, c'était *le théâtre de l'hôtel de Bourgogne,* quand Molière vint y jouer avec sa troupe.

Quant à l'*hôtel de Soißons,* il avait été cent ans plus tôt ce magnifique *hôtel de Behaigne,* appartenant au roi de Bohême, le vieil ami de la France, qui l'échangea en 1368 contre une autre demeure. La reine Catherine, qui en fit plus tard sa retraite de prédilection, rebâtit presque totalement l'*hôtel de la Reine* &, trait qui peint bien la superstitieuse Italienne, elle eut grand soin d'y ajouter un observatoire astrologique; haute colonne qui subsiste encore aujourd'hui enchâssée dans le mur de la Bourse du commerce, rue de Vannes, emplacement de l'ancienne demeure royale[1].

Rue Saint-Antoine, nous chercherions en vain une demeure dont les vastes caves ogi-

[1] Voir, pour l'historique complet de l'*hôtel de Soißons,* le très intéressant volume de M. Eugène Defrance : *Vieilles façades parisiennes.*

vales subsistent seules sous les assises de l'hôtel de Beauvais : l'*hôtel de Chaalis* bâti, au XIIIe siècle, par l'abbé d'un monastère du diocèse de Senlis. C'est à l'hôtel de Chaalis que le cardinal d'Este, protecteur du Tasse, logea avec lui le poète qu'il avait amené d'Italie; c'est sous ce toit hospitalier que fut écrite en grande partie la *Jérusalem délivrée*, dont le poète se plaisait à lire des fragments à Charles IX. Quant à l'*hôtel de Beauvais*[1], puisque nous l'avons nommé, c'était, au XVIIe siècle, l'une des plus belles habitations parisiennes, dont V. Cousin a écrit la captivante monographie : Lepautre, qui en fut l'architecte, a tiré le plus heureux parti de la forme irrégulière du terrain en donnant à l'hôtel la forme d'un polygone à vestibule circulaire. C'est la fameuse femme de chambre d'Anne d'Autriche qui le bâtit de 1654 à 1660, la baronne de Beauvais, pour les familiers de la cour «Catau la Borgnesse», qui passe pour avoir, déjà chargée de quarante automnes, initié à l'amour le jeune Louis XIV qui ne comptait encore que quinze printemps.

[1] Rue François-Miron (anc. rue Saint-Antoine), n° 68.

Cette habitation a gardé jusqu'à aujourd'hui le balcon du premier étage, au-dessus de la porte cochère, sur lequel se plaça la reine-mère, en août 1660, pour assister à l'entrée du roi & de la reine après leur mariage. «Il avoit esté couvert d'un dais à longue queue de velours rouge cramoisy sous lequel la reine-mère fist mettre à sa droicte la reyne d'Angleterre & entre elles la princesse sa fille.» Mais la façade un peu sévère, la curieuse disposition de la cour ovale & le magnifique escalier ont gardé la physionomie de la grande époque; l'hôtel de Beauvais reste ainsi hors de pair parmi tous les autres de la même rue, sans en excepter celui de Sully, rue Saint-Antoine.

C'est dans cet hôtel de Beauvais que descendit en novembre 1764 le maître de chapelle Léop. Mozart avec sa famille chez le comte van Eyck, gendre du comte Arcole, chambellan de l'évêque de Salzbourg. Grâce à une lettre de recommandation pour *Monsieur Melchior Grimm, homme de lettres & secrétaire de Monseigneur le duc d'Orléans,* les nouveaux venus reçurent dans plusieurs salons & à la cour de Versailles l'accueil le plus flatteur. Dans la nuit de la Saint-Sylvestre, ils furent admis au grand couvert; Léop. Mozart & le petit Wolfgang se tenaient aux côtés de la reine, qui s'entretint familièrement en allemand avec son petit voisin & le régala des friandises de la table royale.

De leur côté, les bourgeois s'enrichissaient dans le commerce, & plus d'un était arrivé à acquérir de riches domaines. Voici, par exemple, l'*hôtel de Miles Baillet* «en la Voirrie» (Verrerie) qui nous révèle ce qu'étaient, dans leur tenue intérieure, ces grands hôtels de la bourgeoisie : «ouquel hostel estoit une chapelle où l'on celebroit chascun jour l'office divin. Il y avoit salles, chambres & estudes en bas pour demorer en esté par terre, & en hault tout pareillement où l'on habitoit en yver; si y avoit des voirriers aultant qu'il y a de jours en l'an;» ou bien «l'*ostel de maistre Jacques Duchié*, en la rue de Prouvelles (des Prouvaires); en la cour estoient paons & divers oyseaulx à plaisance. La première salle estoit embellie de divers tableaulx & escriptures d'enseignemens atachiés & pendus aux parois. Une autre salle remplie de harpes, orgues, vielles, guiternes, psaltérions, desquels ledict maistre Jacques savoit jouer de tous. Une autre salle estoit garnie de jeus d'eschez, de jeux de tables (dames) & d'autres diverses manieres de jeux. Item une belle chapelle où il avoit des pulpitres a mettre livres dessus de merveilleux art. Item une chambre ou estoient foureures de plusieurs manieres. Item plusieurs aultres chambres richement adoubez de lits, de tables engigneusement entaillies & parées de riches draps & tapis à orfrais (franges d'or). Item par dessus tout l'ostel estoit une chambre carrée, ou estoient fenestres de tous costez pour regarder par dessus la ville. Et quant on y mangoit, on montoit & avaloit (descendait) vins & viandes à une polie[1], pour ce que trop hault eust esté à porter. Et par dessus les pignacles estoient belles ymages dorées. »

C'est enfin Hugues Aubryot, ce prévôt de Paris qui fonda la Bastille & redressa d'une main parfois un peu rude maint abus, que nous trouvons en 1380 propriétaire d'une maison dans la rue Charlemagne : le bel *hôtel des Marmousets* ou *des Prévôts* qu'il devait à la

[1] Les monte-charges sont donc une invention déjà ancienne.

munificence de Charles V. Délivré de la prison de l'évêché, où l'avait jeté la rancune de l'Église atteinte dans ses privilèges, & ramené chez lui par les Maillotins qui entendaient le mettre à leur tête, il s'en échappa la nuit suivante, passa la Seine en bateau & se retira en Bourgogne, son pays natal. Sortir par la porte qui a subsisté jusqu'à nos jours vis-à-vis de la rue du Fauconnier & suivre cette dernière qui descend en pente douce jusqu'à la berge, c'était pour le fugitif l'affaire d'un instant. Après ce premier prévôt, deux de ses successeurs, Robert & Jacques d'Estoutteville occupèrent également la maison : d'où vient son surnom. Confisqué au commencement du siècle suivant sur le malheureux surintendant des finances, Jean de Montaigu, victime des rancunes de Jean sans Peur, l'hôtel fut restitué en 1509 à son descendant Louis Malet, l'amiral de Graville, en grande faveur auprès de Louis XII «comme ancien sage & clairvoyant, qui moult savoit, autorisé grandement en l'affaire du conseil & aultres besongnes du royaulme». Le cardinal de Bourbon, possesseur de la maison au XVIe siècle, la donna aux Jésuites qui en firent une dépendance de leur collège, aujourd'hui lycée Charlemagne. La belle propriété subit le sort commun à toutes ses pareilles : elle fut morcelée au cours du XVIe siècle, & c'est l'un des propriétaires du temps qui éleva pour son propre usage la jolie construction à deux corps de logis & tour hexagonale avec un escalier à vis qui fait communiquer entre elles les rues Charlemagne & Saint-Antoine. Les corps de logis sur la rue Charlemagne avec la porte faisant face à la rue du Fauconnier, belle œuvre d'art de la Renaisssance dans sa dernière période, ont été démolis en 1891; il n'en reste que quelques bâtiments presque méconnaissables, & la cage d'escalier : un débris informe.

Aux alentours du Louvre, rue de Rivoli, n° 144, nous retrouvons encore le souvenir — rien que le souvenir — d'un des grands noms de notre histoire nationale : c'est l'emplacement de l'*hôtel de Ponthieu,* dans la rue des Fossés-Saint-Germain-l'Auxerrois, où fut massacré l'amiral de Coligny dans la nuit du 24 août 1572. On connaît cette scène si souvent retracée. Après avoir passé du chancelier Antoine Dubourg aux mains des Rohan-Montbazon, la sombre demeure était descendue, au milieu du XVIIIe siècle, au rang d'une auberge, assez considérable il est vrai, l'*hôtel de Lisieux*. Tragique ironie de la destinée : dans cette même chambre qui avait vu tomber percée de coups l'illustre victime, naquit en 1740 la fille de l'hôtelier Arnould, une jolie enfant qui devait devenir l'une des plus aimables, des plus galantes, des plus spirituelles femmes de son siècle. C'est de cette maison où s'était joué le drame sanglant que Sophie Arnould, fuyant le foyer paternel, s'élança sur la scène étincelante du chant & de la danse sous la protection de M. de Lauraguais. Depuis le regretta-t-elle? Du moins elle s'en souvint. Une lettre de 1776 témoigne d'une sorte de superstition qu'elle attachait à sa naissance dans la chambre même de l'amiral : elle avoue y avoir vu toujours « l'augure d'une certaine renommée ».

Ici s'arrête l'histoire du vieil hôtel qui disparut avec toute la rue, au milieu du XIXe siècle, devant le percement de la rue de Rivoli.

Dans cette région orientale de la ville, les anciens hôtels seigneuriaux étaient innombrables : fait bien explicable si l'on considère l'empressement traditionnel de la noblesse à rapprocher ses demeures de celle du prince qui, du XIV^e jusqu'au XVI^e siècle, s'élevait de ce côté. La plupart n'ont laissé qu'un souvenir, un trop petit nombre quelque débris à peine reconnaissable.

Maint bijou a pourtant échappé au torrent de destruction qui a passé sur toute la ville. Rue du Chaume (aujourd'hui rue des Archives) s'élevait en 1392 l'*hôtel de Clisson*, appartenant au connétable Olivier; la malignité populaire lui avait donné le surnom ironique d'« hôtel de miséricorde », allusion vengeresse à son origine. Après l'insurrection des Maillotins, les sentences capitales portées contre les mutins les plus compromis avaient été commuées « par miséricorde » en amendes ruineuses dont le connétable avait touché sa forte part, & il en avait bâti son hôtel. Froissart nous conte avec son animation pittoresque l'attentat qui fit la célébrité de cette demeure. Dans la soirée du 13 juin, Clisson rentrait de l'hôtel Saint-Paul chez lui par les rues Saint-Antoine, de la Culture-Sainte-Catherine (de Sévigné) & des Francs-Bourgeois, lorsqu'à l'entrée de la rue

Culture-Sainte-Catherine il tomba dans un guet-apens de son mortel ennemi, Pierre de Craon. «Tout premier on prist les torches, & furent esteintes & jetées contre terre, & dist messire Pierre de Craon en tirant son espée hors du feurre : «A mort, à mort, Clisson, si «vous fault mourir! — Qui es-tu, dit Clisson, «qui dis telles paroles? — Je suis Pierre de «Craon, vostre ennemi; vous m'avez tant «de fois couroucé que ci le vous fault amen-«der.» Et en disant ces paroles, il fiert & lance apres lui. Coups commencent à voler & à croiser sur le connestable; & il, qui estoit tout nud & despourvu, treist un coustel & commence à estremir. Le connestable contre les coups se couvroit de son bras & croisoit de son badelaire (long poignard) en soy deffendant vaillamment, & tant qu'il fut féru sur le chef d'une espée à plein coup moult vaillamment, duquel coup il versa jus (à bas) de son cheval, droićt à l'encontre de l'huis d'un fournier (boulanger) qui ja estoit descouchié pour ordonner ses besongnes & faire son pain & cuire; & au devant il avoit ouï les chevaux fretiller (piaffer) sur la chaussée, & avoit le dićt fournier un petit (peu) entrouvert son huis, dont trop bien en prist au seigneur de Clisson; car au cheoir que il feist contre l'huis, il s'ouvrit, & le connestable chey (tomba) du chef par dedans la maison. De ce coup du chief duquel il estoit cheu cuiderent bien messire Pierre de Craon & ceulx qui sur luy féru avoient que du moins ils luy eussent donné le coulp de la mort. Si dist messire Pierre de Craon : « Allons, « allons, nous en avons assez faict ! » A ceste parolle ils se despartirent de la place, & chevauchierent le bon pas. Ainsi fust messire Olivier de Clisson laissé comme mort chez le fournier, qui feust moult esbahi quand il veist que c'estoit le connestable[1]. » De cet hôtel de Clisson le porche ogival, décoré d'armoiries & flanqué de deux tours d'inégale dimension, subsiste seul : il a servi pendant de longues années d'entrée à l'École des Chartes.

A cent pas de là, rue Vieille-du-Temple, fort près de la rue Barbette, nous tombons sur le théâtre d'un autre assassinat. L'*hôtel* ou *courtille Barbette,* qui occupait avec ses jardins tout

[1] *Chroniques* de FROISSART, édit. Kervyn de Lettenhove, t. XV, p. 8-11.

le quadrilatère limité par les rues des Francs-Bourgeois, Vieille-du-Temple, de la Perle & des Trois-Pavillons (Elzévir), avait été au commencement du XIVe siècle la propriété d'un ancien prévôt des marchands, Étienne Barbette. En 1407, le vieux manoir était habité temporairement par la reine Isabeau lorsque, le 23 novembre entre sept & huit heures du soir, son beau-frère le duc d'Orléans, qui entretenait avec elle une intimité fort mal vue du public, la quitta pour rentrer chez lui. Sorti de l'hôtel par une porte dérobée donnant sur l'*allée aux Arbalétriers,* dont l'impasse qui porte le n° 38 de la rue des Francs-Bourgeois n'est aujourd'hui qu'un reste, il allait tourner à droite dans la rue des Poulies (c'était alors son nom), lorsqu'à quelques pas de la porte Barbette[1], & en dehors de la vieille enceinte de Philippe Auguste, il fut assailli par une bande d'assassins à la solde de Jean sans Peur & massacré. « Et quant il vint assez près de cette porte Barbète, les dix-huit hommes dessus diz qui estoient couvertement armez l'attendoient...

[1] Située rue Vieille-du-Temple, un peu au-dessous de l'endroit où celle-ci coupe la rue des Francs-Bourgeois.

Et lors incontinent iceulx meuz de hardie & oultrageuse voulenté, saillirent tous ensemble à l'encontre du dit duc, & en y eut ung qui s'escria : A mort, à mort!» & le féry d'une hache, tellement qu'il lui coppa le poing, etc...[1]» C'est à la suite de cet attentat que Jean sans Peur éleva la tour que nous connaissons déjà. L'*hôtel de Rieux,* où fut transporté le cadavre de la victime, porte le n° 47 de la rue Vieille-du-Temple : rebâti au milieu du XVII^e^ siècle, ce fut alors l'*hôtel Amelot de Bisseuil,* puis l'*hôtel de Hollande,* parce qu'on y logea les ambassadeurs de ce pays. Le portail décoré au dehors de deux statues couchées, au dedans d'un bas-relief de Regnaudin re-

[1] *Chronique* de MONSTRELET, édition de la Société de l'Histoire de France, t. I, p. 156. — Cette opinion, qui ressort du récit de Monstrelet, d'accord avec la *Chronique du Religieux de Saint-Denis,* semble devoir l'emporter désormais sur celle qui plaçait le drame rue Vieille-du-Temple, en face de l'hôtel de Rieux : reposant sur une interprétation erronée des termes de l'enquête du prévôt de Paris (voir Bibliothèque de l'École des Chartes, VI^e^ série, t. I, p. 215-249) & du *Journal* d'un greffier du Parlement, Nic. DE BAYE, publié par la Société de l'Histoire de France, t. I, p. 206-207, cette dernière version fut accréditée sans fondement suffisant par un académicien du XVIII^e^ siècle, Bonamy, & suivie après lui par la plupart de nos historiens nationaux.

présentant Romulus & Rémus avec la louve, les façades sur les cours, la disposition des appartements & leur décoration lui donnaient un fort grand air qui contraste singulièrement avec sa condition moderne. Quant à l'hôtel Barbette, il appartint plus tard à Diane de Poitiers, puis fut morcelé. Pour la jolie tourelle de style gothique flamboyant qui orne une maison à l'angle des rues Vieille-du-Temple & des Francs-Bourgeois, c'est à tort que la plupart des historiens de Paris se sont habitués à la considérer comme le dernier reste de l'hôtel Barbette; la vérité à ce sujet, ce sont des documents privés, mis au jour il y a une quinzaine d'années, qui nous la diront : en fait, ce fragment d'architecture, contemporain de Charles VIII ou de Louis XII, bien que la date précise & l'auteur en soient restés inconnus, n'a rien eu de commun avec notre manoir dont le séparaient même d'autres immeubles. Au XVIe siècle propriété de Jean de La Balue, de la famille du fameux cardinal, il a été naguère restauré avec beaucoup de goût.

Toujours rue Vieille-du-Temple, nous notons d'un souvenir l'*hôtel de La Roche-Guyon*, sur l'emplacement d'une partie de l'Imprimerie nationale : il appartenait en 1504 au maréchal de Gié, Pierre de Rohan, alors gouverneur d'Angers. Louis XII était atteint d'une maladie qui faisait craindre sa mort, & la reine Anne, trop prompte à préparer son retour dans son duché natal, avait commencé déjà à faire descendre par la Loire une partie de son bagage. Le gouverneur d'Angers, trouvant avec raison le procédé inopportun, prit sur lui de les arrêter au passage. Le roi rétabli, la reine Anne osa poursuivre le bon serviteur pour crime de lèse-majesté, & le fit dépouiller de ses emplois, dignités & de presque tous ses biens. Ce Rohan était aussi un homme de guerre avisé & un ami des arts : il profita d'une expédition en Italie pour obtenir de la seigneurie de Florence neuf bustes en marbre & en bronze, dont un de Charlemagne : que sont-ils devenus? L'un de ses héritiers, Louis de Rohan, comte de Montbazon, vendit en 1560 l'hôtel de La Roche-Guyon à François de Guise.

Précédemment déjà les Guises, possesseurs d'un hôtel rue du Chaume, à l'angle de la rue des Quatre-Fils-Aymon, avaient acquis successivement ceux *de Laval,* rue des Francs-Bourgeois, & de Clisson ; l'étroite ruelle de La Roche les séparait. Partant de la rue Vieille-du-Temple vis-à-vis de la rue Barbette [1] ouverte en 1563, elle longeait l'hôtel de La Roche-Guyon pour déboucher rue du Chaume vis-à-vis de la rue de Braque. Longtemps elle fut un obstacle à tous les projets de réunion des deux hôtels ; à la fin du XVIIIe siècle, ce n'était plus qu'un passage fermé la nuit.

Toutes ces demeures plus ou moins délabrées, les nouveaux acquéreurs les restaurèrent par des constructions judicieusement conçues, ayant bien soin de respecter la pittoresque entrée ogivale du manoir de Clisson. Pour eux, le peintre modénais Niccolo dell' Abbate décora la chapelle, & Brunetti le vestibule du grand escalier. De l'hôtel de Guise sur la rue des Archives il ne subsiste plus qu'un escalier dont la rampe porte la croix de Lorraine.

(1) Au numéro 8 de cette rue s'élevait l'*hôtel d'Estrées,* l'un des plus beaux du Marais & longtemps l'un des mieux conservés. Il appartint au XVIIe siècle à un frère de la belle Gabrielle, François-Annibal Ier, qui y mourut presque centenaire en 1670.

Dans leur demeure si singulièrement agrandie les Guises exercèrent une large hospitalité. Corneille y fut «domestique»[1], y eut sa chambre & une place à table de 1662 à 1665. Déjà le poète Quinault y avait demeuré en 1656. Encore en 1697 un plan manuscrit indique les logements de plusieurs de ces familiers, dont l'historien-collectionneur Gaignières, l'un des plus notables parmi ces «fameux curieux»[2], prototypes de nos amateurs modernes. Sa demeure à l'*hôtel de Guise* était bien choisie : il y trouvait le meilleur voisinage pour sa précieuse bibliothèque qui s'adossait à la superbe galerie de tableaux de la duchesse de Nemours, & à ce riche musée de

[1] On désignait sous cette appellation des écrivains, des gens d'esprit que les grands seigneurs recevaient sous leur toit en assurant leur entretien : ils jouissaient familièrement de leur société & en recevaient parfois la dédicace de quelque écrit; en résumé, c'était une sorte de vasselage moral, mais auquel l'opinion du temps ne donnait aucune portée humiliante.

[2] «On appelait ainsi, remarque Mme de Genlis, de riches amateurs de tableaux, d'histoire naturelle, de médailles, d'antiquités & de raretés des pays étrangers. Il y avait à Paris, avant la Révolution, une infinité de cabinets de ce genre.»

pierres précieuses tant vanté par Coulanges. « Hélas! disait-il un jour, songeant à son goût dispendieux pour ces raretés,

*Hélas! c'est toi qui m'as gâté,*
*Brillant hôtel de Guise!* »

Cette maison de Guise s'était éteinte à la fin du XVII$^{e}$ siècle : en 1704 son vaste hôtel fut vendu au prince de Rohan-Soubise qui s'empressa de le faire renouveler au goût de l'époque. L'architecte Delamaire commença par élever la façade principale & les portiques qui entourent la grande cour d'honneur. Boffrand continua son œuvre : c'est à lui que nous devons la magnifique décoration des appartements intérieurs, l'un des plus beaux fragments en ce genre que nous ait légués l'ancien régime.

L'*hôtel de Soubise* est devenu le palais des Archives nationales. Un jardin, fréquemment ouvert au public, le séparait de l'*hôtel de Rohan*, élevé de 1706 à 1712 sur la rue Vieille-du-Temple par le prince de Rohan, un fils du précédent. Quatre cardinaux de cette famille, tous évêques de Strasbourg, s'y succédèrent au cours du XVIIIe siècle; «l'hôtel de Strasbourg» était la résidence, durant leurs longs séjours à Paris, de ces prélats de cour dont le dernier fut le héros de la fameuse aventure du Collier. Mais les siècles se succèdent, faisant table rase de l'éclat du passé. A l'heure présente le fastueux hôtel de Strasbourg est affecté à l'Imprimerie nationale.

De son brillant passé, la vieille demeure a conservé, à travers toutes ses transformations, de précieux restes : quelques pièces, l'ancienne *salle à manger,* la *salle de compagnie* avec des peintures de Boucher & de Pierre qui décoraient les dessus de porte, & le *cabinet* avec treize panneaux de Huet représentant des arabesques, des chinoiseries, des singes aux postures grotesques dans le goût du temps; la façade principale sur l'ancien jardin; enfin le groupe des *Chevaux d'Apollon,* haut-relief de Le Lorrain qui ornait le fronton des écuries.

Rue Saint-Antoine, à l'angle de la rue du Petit-Musc, voici encore l'*hôtel de Mayenne,* qui a pris la place de cet *hôtel neuf* ou *d'Étampes,* jadis partie intégrante de l'hôtel de Charles V. Louis XI y descendit en arrivant à Paris après son avènement; il est vrai qu'il ne s'y arrêta guère. Rebâti par Du Cerceau, cet hôtel était habité en 1580 par le duc de Mayenne. «Maison précieuse aux Lorrains, dit Saint-Simon, pour avoir appartenu au fameux chef de la Ligue, dont ils lui ont chèrement conservé le nom, les armes & l'inscription au-dessus de la porte, & où est une chambre dans laquelle furent enfantées les dernières horreurs, l'assassinat de Henri III & le projet de mariage de l'infante d'Espagne avec Mayenne, en excluant à jamais du trône Henri IV & toute la maison de Bourbon. Cette chambre s'appelle encore aujourd'hui *chambre de la Ligue*, dont rien n'a été changé[1].»

Au carrefour des rues de la Mortellerie, des Barres[2], du Figuier & du Fauconnier s'élevait en 1365 l'*hôtel d'Estoménil* que Charles V donna à l'archevêque de Sens en échange de celui qu'il venait d'englober dans son nouvel hôtel Saint-Paul. Un siècle après il tombait déjà en ruine. L'archevêque Tristan de Salazar

[1] Voir les *Mémoires*, éd. Boislisle, t. XV, p. 1-2.
[2] Aujourd'hui, de l'*Ave-Maria*.

entreprit à ce moment de le rebâtir; de cette époque date la belle façade encore si bien conservée : haute porte ogivale protégée par une meurtrière, poterne de service, grosses tourelles d'angle en encorbellement, cheminées de brique, pignon élevé & fenêtres du comble; au fond de la cour, un donjon carré avec mâchicoulis. Une chapelle, adossée au corps principal de bâtiments, juste en face de la porte d'entrée, a disparu : une cheminée d'usine en a pris la place! Tel quel, c'est encore un vrai manoir féodal, dont l'aspect, dans son ensemble, décèle le moyen âge bien plus que l'hôtel de Cluny avec ses fines tourelles, ses fenêtres & ses balustrades du comble à dentelles de pierre.

C'était une curieuse figure que celle de Salazar, ce prélat guerrier. Fils d'un chef de routiers espagnols au service de France, il tenait de son père, endossant plus volontiers la cotte de mailles que l'étole. Après lui, bien des hôtes fameux se succédèrent dans ces murs ecclésiastiques : d'abord le cardinal Louis de Guise qui y mourut en mars 1578. «On appelait ce bon prélat, rapporte L'Estoile, le *cardinal des bouteilles*, pour ce qu'il les aimoit fort, & ne se mesloit guères d'autres affaires que de celles de la cuisine, où il se connoissoit fort bien, & les entendoit mieux que celles de la religion & de l'Estat. A son passage à Genève on luy fist gouster les truites du lac. «Ah! dist-il, il fait «bon manger icy : les habitans sont hereticques, «mais les poissons n'en peuvent mais![1]»

Quinze ans après, un autre cardinal, Pellevé, l'un des plus enragés chefs de la Ligue, y mourut de saisissement en apprenant l'entrée de Henri IV dans Paris.

En août 1605, c'est la reine Marguerite de Valois qui y descendit; elle reparaissait à Paris après vingt-deux ans d'absence, une véritable revenante. «Au lieu que les moindres femmes brûlent tellement d'envie & de haine contre celles qui tiennent leur place qu'elles ne les peuvent voir, écrivait Richelieu dans ses Mémoires, & moins encore le fruiƐt dont Dieu bénit leur mariage, elle au contraire fit donation de tout son bien au Dauphin & l'institua son héritier, vint à la cour, se logea vis-à-vis

[1] *Journal de L'Estoile,* édition Brunet & Champollion, t. I, p. 238.

du Louvre, & alla voir souvent la reine Marie de Médicis[1]. »

A l'*hôtel de Sens* où elle attendait l'achèvement du palais qu'on lui bâtissait sur la rive gauche de la Seine, la reine Marguerite scandalisa Paris par un éclat lugubre. Toujours adonnée, malgré ses cinquante-trois ans, à la galanterie qui avait fait le fond de sa vie frivole, elle s'était entourée d'un escadron de fringants éphèbes qui entretenaient en elle l'illusion de sa jeunesse disparue. Le 5 avril 1606, revenant de la messe des Célestins, elle descendait de carrosse, lorsque Vermond, un de ses gentilshommes, pris d'un accès de jalousie, assassina un page de la reine. « La victime se nommoit Saint-Julien, lequel la dicte reine aimoit passionnément, & pour ce jura de ne boire ne manger qu'elle n'en eust veu faire la justice; comme aussy des le lendemain il eust la teste tranchée devant l'hostel, où d'une fenestre elle assista au supplice. Dès la nuict mesme, toute effraiée, elle en deslogea & le quitta avec protestation de ne jamais y rentrer[2]. »

[1] Voir l'édition Petitot, t. I, p. 243.

[2] *Journal de L'Estoile,* édition cit., t. VIII, p. 215.

A l'angle de la rue du Petit-Musc, sur le quai, s'élevait au XVII^e^ siècle l'*hôtel de Balthazar Phélipeaux,* qu'acheta vers 1676 *Gaspar de Fieubet;* c'est aujourd'hui l'École Massillon. L'édifice actuel est malheureusement écrasé de sculptures modernes qui déparent la façade primitive.

C'est encore rue Saint-Antoine, n° 62, que nous trouvons l'*hôtel de Sully;* il avait été bâti vers 1625 pour l'ancien ministre de Henri IV par Jean Du Cerceau, le petit-fils de Jacques l'architecte de l'hôtel de Mayenne. Une petite porte ouvrait par derrière sur la place Royale, au numéro 7; c'est par là que passait le vieil homme d'Etat pour faire sa promenade sous les arcades. « Ce bonhomme, plus de vingt-cinq ans après que tout le monde avait cessé de porter des chaînes & des enseignes de diamants, en mettoit tous les jours pour se parer, & les passants s'amusoient à le regarder. » L'hôtel portait, à cette époque, entre ses deux pavillons latéraux, une terrasse que l'addition d'un étage a fait disparaître plus tard. C'est apparemment de cette terrasse ayant vue sur la rue Saint-Antoine ou de l'un des pavillons que M^me^ de

Sévigné, en 1680, vit mener l'empoisonneuse Voisin. « Nous la vîmes passer venant de Vincennes, dans un tombereau, liée, une torche à la main, habillée de blanc, fort rouge, repoussant le confesseur & le crucifix avec violence[1]. »

Trop souvent ces hôtels des grands devenaient l'effroi de tout un quartier, le refuge des vauriens, bretteurs & faux monnayeurs; leur porte armoriée était une limite qu'huissiers & officiers de police ne se risquaient guère à franchir. Tel était, à l'angle des rues Pavée & des Francs-Bourgeois, *l'hôtel d'Angoulême,* qu'habitait le duc d'Angoulême, Charles de Valois, bâtard de Charles IX & de Marie Touchet. Le lieutenant criminel Lugoly, en 1598, se déclarait impuissant à réprimer « les excès & ravages » que le noble sacripant & les bandits à sa solde commettaient dans le quartier Saint-Paul. « S'il eût pu se défaire de l'humeur d'escroc que Dieu lui avoit donnée, remarque Tallemant dans ses *Historiettes,* c'eût été un des plus grands hommes de son siècle[2]. » L'hôtel passa, par la suite, au président de La-

[1] Lettre du 25 février.

[2] Voir l'édition Monmerqué & Paris, t. I, p. 241.

moignon qui lui a laissé son nom. Racine, Boileau, Bourdaloue en connaissaient bien le chemin & y fréquentaient volontiers. Aujourd'hui le corps de bâtiment principal subsiste avec une notable partie de son ancienne décoration. Le jardin, qui s'étendait jusqu'à la rue Culture-Sainte-Catherine (de Sévigné) n'a disparu qu'en 1830. A l'angle de la rue des Francs-Bourgeois une aile de bâtiment moderne où l'on a cherché à imiter le style de l'ancien édifice, porte une tourelle carrée en encorbellement, mais l'aspect général en nuit à l'effet produit par l'hôtel d'Angoulême, tel qu'on le voyait encore au XVII^e^ siècle.

A quelques pas de là, place Royale (des Vosges), n° 1, dans un pavillon ouvrant par deux portes cochères sur la place Royale & sur la rue de Birague, demeurait en 1624 le baron de Chantal[1], l'un des plus enragés duellistes du temps de Louis XIII, & fils d'un père qui l'avait déjà été avant lui. Il était au logis, le jour de Pâques, quand le comte de Montmorency-Bouteville, un autre membre de

[1] Le père de la marquise de Sévigné.

cette coterie de *raffinés d'honneur,* y entra, le priant d'être son second. La place Royale était à sa porte; Chantal accepta & alla se battre tel qu'il se trouvait, en mules de velours noir. Les ordonnances étaient positives, & la peine de cette infraction ne se fit pas attendre : le coupable fut condamné à mort & exécuté en effigie[1].

Cette place Royale, qui passait, dans la première moitié du XVII<sup>e</sup> siècle, pour le rendez-vous général de tous les duellistes parisiens, était pourtant un des points les mieux habités : ses pavillons abritaient toute une colonie de familles portant les plus grands noms dans l'histoire du temps, que la vogue de Versailles n'avait pas encore attirées vers le faubourg Saint-Germain, « n'y ayant, dit une notice du

[1] Il demeurait dans la famille de sa femme, chez les Coulanges. Forcé de fuir, il put dans la suite revenir à Paris & habitait toujours l'hôtel de ses beaux-parents, lorsque, le 12 mai 1627, le même Bouteville se battit avec le marquis de Benorou à la place Royale, sous les fenêtres mêmes de l'hôtel de Coulanges. Aussitôt le duel terminé, «Bouteville alla au logis du baron de Chantail, proche la place Royalle, où il monta à cheval... pour s'en aller en Lorraine». (*Mercure françois,* t. XIII, p. 407.)

temps, que des financiers ou des grands seigneurs qui l'habitent, dont les belles tapisseries, les ameublements de velours & autres precieuses étoffes de soye, d'or & de broderie, les grands miroirs, peintures & dorures des chambres, alcôves & cabinets surpassent la magnificence des maisons royales». Au numéro 9, à côté de l'hôtel de Sully était celui de *Chaulnes,* qui avait une chambre de parade, tout éclatante de miroirs qui l'environnent; «une antichambre embellie de colonnes cannelées & étincelante de cristaux; un ameublement à fond de soye, d'or & d'argent, dont le travail est plus admirable que l'étoffe; des aigrettes de lit d'une beauté & d'un prix extraordinaires». Au numéro 13, c'était la famille de Rohan-Chabot; au numéro 18 celle de Richelieu; puis au numéro 6, les Rohan-Guéméné qui y restèrent durant un siècle & demi, jusqu'à la veille de la Révolution. Enfin cinquante ans plus tard, c'est Victor Hugo qui vint y habiter(1) & y écrivit la plupart de ses drames,

(1) Une tradition, reconnue fausse depuis, prétendait que Marion Delorme, propriétaire de cette maison, y était morte en 1650; en 1832 elle était encore acceptée de

de 1832 à 1848, années les plus agitées de la période romantique. Mais si les façades, après trois siècles, ont survécu à tous les accidents; si, dans plus d'une maison, on retrouve encore des escaliers très dignes d'admiration, que sont devenus les jardins qui n'en étaient pas la moindre parure?

L'époque de Henri IV & de Louis XIII marque le triomphe de ces constructions en pierre blanche sur fond de brique rouge, surmontées d'une toiture d'ardoise gris bleuâtre, dont la juxtaposition formait une si agréable gamme de couleurs. Dès la fin du règne de Louis XIII, le goût change brusquement; plus de brique, rien que la pierre, & les hôtels prennent un caractère de simplicité grave, un peu triste, presque sans sculptures; tout au plus quelques consoles, quelques clefs de voûte. Tout l'intérêt des bâtiments réside dans leurs vastes proportions. L'ordonnance est toujours celle que nous connaissons déjà : portail à vantaux de chêne, cour d'honneur, logis principal entre cour & jardin; le toit est moins élevé que

tous, & Hugo ne vint s'y installer que pour y retrouver le souvenir de son héroïne.

durant l'âge précédent, les fenêtres se sont un peu élargies, les pièces sont désormais de plain-pied, en enfilade à la mode italienne, & les escaliers vastes, droits, avec un large palier à chaque étage, ont une belle rampe de fer ouvragé ou de bois sculpté.

La vogue du Marais décroissait; les alentours du Palais-Cardinal recueillirent nombre de transfuges qui trouvaient trop éloigné le grand faubourg de la rive gauche; en venant habiter ces parages, ils faisaient encore leur cour au puissant ministre.

C'est dans ce goût nouveau qu'avait été bâti le fameux *hôtel de Jacques Tubeuf,* le président de la Chambre des Comptes, englobé aujourd'hui dans la Bibliothèque nationale à l'angle des rues Vivienne & des Petits-Champs. Mazarin, qui l'avait acheté en 1640, s'y installa, mais à titre provisoire, en octobre 1643, presque en même temps que la reine dans les splendides appartements du Palais-Cardinal; ce fut aussi le moment de son plus grand empire sur l'esprit faible de cette princesse, alors que les colporteurs de *mazarinades* criaient dans les rues « le mariage secret du cardinal avec la reine». De son hôtel Tubeuf, il n'avait qu'à traverser le jardin pour rejoindre en chaise la princesse. «Le 19 octobre 1643, raconte le président d'Ormesson dans ses *Mémoires,* je passai derrière le Palais-Royal, où je vis que l'on faisoit une porte pour passer en chaise le cardinal Mazarin, qui estoit logé dans la maison de M. Tubeuf; & sous prétexte de garder ceste porte, le corps de garde estoit devant la sienne pour sa seureté; il pouvoit tout[1]. »

De même que le puissant cardinal, son prédécesseur, Mazarin, au début de sa carrière, n'avait songé qu'à se contenter d'une modeste demeure; une fois entré franchement dans la voie du succès, il acheta cet hôtel Tubeuf, & celui d'un autre président, Duret de Chivry, à l'angle de la même rue & de celle de Richelieu; c'était un homme assez médiocrement estimé, paraît-il, que ce Duret, & qui disait : «qu'il fallait tenir le bassin de la chaise percée à un favori, pour l'en coiffer après, s'il venait à être disgracié»[2]. Ces deux hôtels furent le centre d'un plus vaste palais, dont Mansart

[1] Dans la *Coll. des doc. inédits,* t. I, p. 116.
[2] Voir TALLEMANT DES RÉAUX, *Les Historiettes.*

traça les plans, qu'il commença à bâtir avec vue de la façade sur les jardins du Palais-Cardinal, & deux ailes en retour du côté du Nord; les artistes italiens Grimaldi & Romanelli les décorèrent de peintures. Dans ces galeries, Mazarin rassembla près de quatre cents tableaux, surtout de maîtres italiens, & dont plusieurs sont entrés au Louvre; des statues, des tapisseries, qui constituèrent la collection du premier amateur de ce temps.

Le Palais-Mazarin devint le centre d'une activité artistique qui ne cessa de croître avec les années, & la place vint à manquer : il fallut y pourvoir en construisant une nouvelle galerie dans les jardins le long de la rue de Richelieu. Ce bâtiment contenait au rez-de-chaussée les écuries pour cent chevaux, à l'étage au-dessus une bibliothèque de 40,000 volumes, qui fut ouverte au public, disposition fort nouvelle en ce temps. Ce rapprochement de l'écurie & de la bibliothèque fit beaucoup parler les malveillants, & les pamphlétaires se mirent en mouvement; ce sont sans doute les injures des mazarinades qui préparèrent des violences plus effectives : la vente, le pillage qui dispersèrent les trésors de cette bibliothèque durant les troubles de la Fronde[1]. Sans doute tout reprit sa place après son retour : tableaux, meubles, livres, statues & tapisseries furent pour la plupart rapportés par les acquéreurs.

Après Mazarin, la duchesse de Mazarin, Hortense Mancini, qui avait hérité de son oncle une partie du palais, celle qui conservait son nom & contenait la plus belle partie de ses collections, y reçut les visites de Louis XIV; la présence, sous le même toit, de Marie Mancini, que le jeune roi avait aimée, piqua la curiosité publique & le champ resta ouvert aux conjectures.

Au commencement de son ministère, Colbert quitta son hôtel patrimonial dans la rue des Rats, qui en garda le nom de l'hôtel Colbert, pour venir habiter une vaste demeure que lui avait léguée Mazarin à l'angle des rues Vivienne & des Petits-Champs. C'était une habitation de fort grand air, à large entrée, sur-

[1] Voir les lettres de Naudé à Mazarin, dont il était le bibliothécaire; Dépôt des affaires étrangères; France, vol. 864, fol. 301-302.

montée des armes du ministre sculptées dans la pierre; au fond d'une cour d'honneur, un large escalier conduisait au principal corps de logis, flanqué de deux ailes à droite & à gauche. Derrière le bâtiment du fond, dont on admirait les collections d'art & la bibliothèque, le jardin, puis les communs & les dépendances s'étendaient jusqu'à la rue Colbert. En 1666, le ministre acheta pour son fils, le futur archevêque de Reims, la maison du conseiller Delafeuille, en bordure de la rue Vivienne; & presque aussitôt il fit transporter la bibliothèque royale, encore bien peu importante, de la rue de La Harpe où les Cordeliers lui donnaient asile en une de leurs maisons, dans une autre maison, voisine des précédentes, qui lui appartenait encore.

Quant à l'hôtel Mazarin, il était encore réservé à d'étranges destinées. Vint l'époque mouvementée de la Régence, & Law acheta toute cette belle demeure pour s'y installer avec sa famille & les bureaux d'une administration compliquée; il y ajouta même une série de plusieurs maisons élevées sur la rue Vivienne. Après la déconfiture du système, l'abbé Bignon, garde des livres du roi, obtint du Régent l'autorisation de consacrer les bâtiments devenus vacants à la bibliothèque trop à l'étroit dans le petit hôtel que lui avait jadis assigné Colbert; dans ce transfert, le duc d'Orléans voyait avant tout une occasion d'effacer les dernières traces de l'équipée financière, si légèrement conduite & qui avait semé tant de ruines sur son passage. On poursuivit la construction de l'ancienne Galerie-Mazarine, on en bâtit deux nouvelles où on installa les livres, les manuscrits, les estampes, le médaillier transporté de Versailles; dès lors le pas le plus difficile était franchi, la bibliothèque, qui avait trouvé un asile définitif, n'avait plus qu'à se développer normalement en agrandissant ses locaux suivant ses besoins.

Ainsi ont été bâtis la plupart des hôtels qui s'élevèrent à cette époque dans la région comprise entre le Palais-Royal & le boulevard : l'*hôtel Talaru,* longtemps habité par la marquise de Lambert; naguère on en voyait encore la porte rue Colbert, près de l'arcade; ceux *de Choiseul,* magnifique demeure que remplacent l'Opéra-Comique & les rues adjacentes; *de*

*Gramont,* dont l'énorme superficie, de la rue Saint-Augustin jusqu'au boulevard, justifiait les sorties de Boileau contre le faste criant du financier Molérou, son premier propriétaire; *de Lorges,* œuvre de Mansart, qu'a remplacé la rue de la Michodière; *de Ferriol,* où furent élevés d'Argental, Pont-de-Vesle & M^lle^ Aïssé; il a fait place à la rue Monsigny. Rue des Petits-Champs s'élevait l'*hôtel de Lyonne* qui occupait l'immense terrain allant de la rue Gaillon à la rue Sainte-Anne. C'était l'une des plus belles & des plus vastes habitations de ce quartier alors récent, & comme telle désignée, sous son nouveau nom d'*hôtel de Pontchartrain,* pour recevoir les ambassadeurs extraordinaires de passage à Paris. Sa façade, donnant à peu près sur notre rue Méhul, portait un grand cadran d'horloge qui évoque un souvenir de Rousseau & de son inepte Thérèse. Au début de sa liaison avec cette fille, il était venu loger rue des Petits-Champs, à l'étage supérieur d'une maison faisant l'angle de la rue Ventadour, juste vis-à-vis de l'hôtel Pontchartrain. Il se servit du cadran pour donner à Thérèse, sans grand succès du reste, des leçons sur l'art de lire les heures.

« Pendant plus d'un mois, rappelle-t-il dans ses Confessions, je m'efforçai de lui faire connaître les heures. A peine les sait-elle à présent. » Et que sont devenus les vastes *hôtels de Tresmes,* rue de Choiseul; *Colbert,* devenu avec celui de Mazarin le noyau de la Bibliothèque nationale; *de Torcy,* rue Vivienne, dont les jardins touchaient par derrière à ceux des Petits-Pères? De ce côté tout a disparu. L'hôtel du financier *La Bazinière,* qui fut enfermé à la Bastille, n'a pas laissé plus de trace rue Croix-des-Petits-Champs, au numéro 21; il existait dès le temps de Louis XIII, avant la construction du Palais-Cardinal. La reine d'Angleterre y passa l'hiver de 1662, puis il descendit au rang d'hôtel garni, celui de Bretagne. Louis XV y abrita ses premières amours avec M^me^ d'Étioles, se croyant bien caché dans cette maison banale; malheureusement pour le roi, la porte de derrière par où il entrait du côté de la rue des Bons-Enfants faisait face à celle de l'hôtel d'Argenson; il y fut plus d'une fois guetté, & le secret de ses rendez-vous fut dévoilé. M^me^ d'Étioles ne demandait pas mieux; peut-être fut-ce elle-même qui aposta les indiscrets.

Quelle est cette maison aux balustrades de fer forgé, aux sculptures en mufles de lion qui trahissent l'inspiration d'un amateur éclairé? A l'étroit dans sa demeure de la place Royale & même au Petit Luxembourg, Richelieu songea à se créer une demeure digne de lui; il jeta les yeux à cet effet sur plusieurs hôtels contigus, ceux *d'Angennes, d'Armagnac,* & l'ancienne académie équestre de Benjamin, dont il fit l'*hôtel de Mélusine:* l'une des galeries y était décorée de peintures retraçant les aventures de la fée célèbre au moyen âge. C'est là que le ministre logea ses *domestiques*[1], notamment le spirituel Boisrobert, mauvais prêtre, si l'on veut, mais bon compagnon, qu'il aimait à avoir sous la main; il se distrayait, au sortir des grandes affaires, à écouter ses bons contes ou les nouvelles de la cour & de la ville. Ce Boisrobert, pour une fois meilleur critique que courtisan, désapprouva la *Mérope,* que venait

[1] Nous avons expliqué plus haut, à la page 145, note 1, la portée de ce terme. Tout comme Boisrobert « était au cardinal de Richelieu », Malherbe & Racan « appartenaient » au duc de Bellegarde, Cyrano de Bergerac au marquis d'Arpajon, etc.

d'achever le maître, & lui déclara franchement qu'elle ne valait rien. De dépit, le noble auteur déchira son manuscrit; mais, à peine le coup fait, il s'en repentit. Ne pouvant dormir de la nuit, il se leva & fit lever ses gens, demanda de la colle, rajusta à grand'peine les lambeaux épars de son manuscrit, & le fit imprimer sous le nom de Desmarets, l'un des premiers membres de l'Académie française & l'un de ses *domestiques*. Quant à la maison où fut logé Boisrobert, achetée en 1761 par le duc d'Orléans, elle fut rasée vers 1780, lors du percement de la rue de Valois entre le Palais-Royal & la cour des Fontaines. Sur une partie de son emplacement s'éleva au n° 8 la maison aux consoles sculptées, qui porte l'enseigne du *Bœuf à la mode.*

Depuis le début du siècle, les nouvelles demeures tendaient à l'envi à adopter la tenue paisible & hospitalière qui convenait à des cercles de savants, d'artistes & de penseurs que les grandes dames — & c'était encore un symptôme des mœurs nouvelles — commençaient à réunir dans leurs salons. Prenons, par exemple, l'*hôtel de Rambouillet,* rue Saint-Thomas-du-

Louvre[1], rebâti, au dire de Tallemant des Réaux, sur les plans mêmes arrêtés par la maîtresse du lieu[2]; elle recevait ses visiteurs, pompeusement vêtue & couchée sur un lit de parade dans une alcôve séparée de la salle par une balustrade de bois doré. Son chevalier servant, l'alcôviste, introduisait les familiers dans la ruelle; les autres prenaient place en dehors de la balustrade, sur les fauteuils ou les tabourets. Les jeunes gens étendaient leurs manteaux sur le plancher pour causer, assis aux pieds des dames.

Dans ce cénacle, à l'écart de la cour du Louvre dont elles répudiaient les mœurs & le langage grossiers, les premières *Précieuses,* les seules dignes d'estime, exercèrent une influence marquée dans l'histoire de la société & de la langue; elles y introduisirent même un certain nombre de mots & d'expressions courantes au-

[1] Elle occupait à peu près la partie orientale de la place du Palais-Royal, se dirigeant vers le Louvre & la place du Carrousel.

[2] C'est *Arthénice* elle-même qui introduisit la mode italienne des chambres de plain-pied & ouvrant leurs portes en enfilade.

jourd'hui, mots nouveaux pour des idées nouvelles : Craindre de s'encanailler; — avoir l'humeur communicative; — compréhension dure; — revêtir ses pensées d'expressions vigoureuses; — n'avoir que le masque de la générosité; — Être pénétré des sentiments d'une personne; — avoir le front chargé de sombres nuages; — laisser mourir la conversation, etc.

Les plus grands seigneurs y frayaient sur un pied d'égalité avec les gens de lettres : Vaugelas, Voiture, Racan, Malherbe, Saint-Évremont, Rotrou; dans ces salons, Richelieu soutint une *thèse d'amour,* Corneille y lut ses premières tragédies, Descartes y disserta, Bossuet lui-même, petit écolier de seize ans, y vint « prêchotter » en 1643.

Cet hôtel de Rambouillet, après des destinées très diverses, avait fini, sous la monarchie de Juillet, par abriter les écuries du roi. Triste conclusion d'un brillant passé; il ne lui restait plus qu'à disparaître. Vers 1850, il tomba, avec les restes de la rue Saint-Thomas-du-Louvre, sous la pioche du démolisseur devant l'ouverture de la rue de Rivoli & de la place du Palais-Royal.

L'Île Saint-Louis est peut-être le quartier le plus calme dans Paris, & Tallemant va jusqu'à dire qu'après la vue de la Pointe du Sérail à Constantinople, il n'en était pas de supérieure à celle que découvrait le speċtateur des fenêtres de l'*hôtel de Bretonvilliers,* l'un des plus vastes & des mieux bâtis du temps de Louis XIV; ses jardins descendaient jusqu'à la rivière; jardins & hôtel ont disparu.

Son voisin l'*hôtel Lambert,* avec sa terrasse aérienne, sa galerie & ses cabinets peints par Lebrun, Lesueur & Romanelli, a été plus heureux. A peine a-t-il changé depuis le jour où le président de la Chambre des Comptes, Lambert de Thorigny, puis Mme Du Châtelet & Voltaire[1] habitèrent la somptueuse demeure construite par Levau; seules les peintures du cabinet de bain où travaillait Voltaire sont au

[1] Il s'y trouva apparemment fort bien. Sur le point de revenir à Paris, en janvier 1743, il écrivait à cette excellente Mme de Champbonin, qui portait pour les intimes de Cirey le surnom familier de « gros chat », son intention de revenir habiter le palais de la pointe de l'Île. Puis sa résolution changea subitement; il descendit rue Traversière, dans le quartier Saint-Roch & n'en voulut plus sortir.

Louvre. Après le président Lambert qui, au dire de Voltaire, y dépensa deux millions, l'hôtel passa aux mains de Dupin de Francueil, le fermier général; aujourd'hui il est la propriété du prince Czartoryzki. Son entrée ouvre sur la rue Saint-Louis, les jardins donnent sur le quai d'Anjou.

Tout à côté, au numéro 17 du même quai d'Anjou, nous trouvons l'un des plus charmants hôtels en même temps que des plus fameux de l'Île Saint-Louis : celui de *Pimodan*. Durant plus d'un siècle il porta à son fronton le nom de cette vieille maison lorraine dont plusieurs membres s'étaient signalés dans le Parlement & dans les armées. C'est sous Louis XV que les Pimodan arrivèrent à l'Île Saint-Louis où les avaient précédés des maîtres de tous rangs & de toutes fortunes : d'abord un certain Gruyn, que son père, le cabaretier de la fameuse *Pomme de pin,* au bout du pont Notre-Dame, avait jeté dans les grandes affaires. Devenu fournisseur des armées, — c'était à la fin du règne de Louis XIII, — il s'y engraissa démesurément à l'exemple de deux oncles qui l'avaient devancé dans la carrière. « Les Gruyn, dit un pamphlet du temps de la Fronde, à force de pillages qu'ils ont faits dans *la subsistance* lors de l'establissement d'icelle, ont acquis de grands biens & possèdent des charges de finances très considérables. »

Le président Lambert de Thorigny & M. de Bretonvilliers, à cette époque où c'était la mode, parmi les gens de robe & de finances, d'avoir une maison en l'Île, y étaient venus avant Gruyn; l'étendue de leurs hôtels, le luxe de leurs appartements étaient un singulier stimulant pour ce parvenu d'hier. Sur un terrain vague il éleva une demeure presque égale à celles de ses opulents voisins; partout sur les plafonds, les panneaux, s'étalaient les chiffres G & M, du maître & de sa femme qui était née de Mony. Vint le moment où il fallut quitter tout cela. Protégé de Fouquet, le financier fut entraîné dans la même catastrophe & jeté en prison; il y mourut. L'hôtel fut sauvé du naufrage & vendu plus tard.

Fouquet, à Pignerol, avait comme compagnon de captivité l'homme qui devait succéder à son protégé comme propriétaire au quai d'Anjou, *Lauzun,* que son mariage avec la

Grande Mademoiselle avait fait disgracier. Libéré au prix des énormes sacrifices que sa femme consentit au duc du Maine, fort riche faute d'avoir pu dépenser ses revenus, il acheta au fils de Gruyn l'hôtel du quai d'Anjou & l'embellit beaucoup, car il aimait le luxe.

Puis le bel hôtel échut aux Pimodan qui le gardèrent durant un siècle. Ils le possédaient à la Révolution ; le gendre du marquis, M. de la Viollaye, proscrit par la Terreur, y chercha un refuge. Sous l'hôtel, sous le quai, sous la Seine même s'étendaient, jusqu'à la rive droite, de vastes souterrains : le proscrit s'y cacha jusqu'au jour où il put atteindre un lieu sûr.

Le dernier occupant en fut, à une époque récente, le baron Pichon, président de la Société des bibliophiles français. Si les vieilles habitations, comme les livres, ont des destinées changeantes, le sort, cette fois, a eu la main heureuse : un savant au goût si sûr était, semble-t-il, désigné tout naturellement pour entrer dans l'exquise demeure. Il s'étudia, en réunissant un ameublement de choix, à lui rendre sa physionomie de la grande époque ; si bien que l'érudit P. Paris a pu écrire : « C'est peut-être à Paris la seule maison qui donne encore une idée de l'habitation d'un homme de qualité au XVIIe siècle. » Les admirateurs des brillantes reliques du passé, surtout quand elles sont si rares, ont plaisir à savoir que depuis l'année 1900 la belle demeure est devenue la propriété de la Ville de Paris, qui en assure désormais la conservation.

L'*hôtel d'Astry*, sur le quai de Béthune, à l'angle de la rue de Bretonvilliers, conserve dans ses appartements des traces de l'ancienne splendeur. Un escalier à rampe de chêne se poursuit jusqu'au sous-sol : le maître de la maison s'en servait pour descendre jusqu'à la berge & gagner son bateau de plaisance. Au XVIIIe siècle, l'hôtel fut habité par Richelieu.

Passons de l'Île Saint-Louis sur la rive gauche : sur le quai de la Tournelle, qui lui fait face, à l'angle de la rue des Bernardins, voici l'ancienne demeure d'une famille parlementaire à laquelle Saint-Simon décoche au passage un trait léger : ce fut elle qui « la premiere de son estat » prit l'initiative de faire inscrire sur sa porte « Hostel de Nesmond ». « On en rit, on s'en scandalisa, mais l'escriteau demeura & est devenu l'exemple & le père de ceux qui, de toute espèce, ont peu à peu inondé Paris[1]. » A l'imitation de cette famille, la noblesse de robe, les gens de finance, la haute bourgeoisie même qui occupait de luxueux logements, commencèrent à intituler *hôtel* toute demeure occupée dans son entier par une seule famille d'un rang élevé.

Sur le quai Malaquais, n^os^ 15 & 17, s'élève l'hôtel de Caraman-Chimay, bâti à la fin du XVII^e^ siècle par le trésorier de l'épargne La Bazinière, qui le décora avec somptuosité : Lebrun y exécuta sur un plafond le *Mythe de Pandore*, sur des panneaux les *Quatre poèmes* & les *Quatre parties du monde*. Plus tard, la belle demeure passa entre les mains des Bouillon, puis des Caraman-Chimay, qui, en 1884, la vendirent à l'État pour l'agrandissement de l'École des Beaux-Arts. Nous avons déjà rencontré, dans la rue Croix-des-Petits-Champs, la trace de La Bazinière, qui se ruina par ses

[1] Voir les *Mémoires*, édit. Boislisle, t. III, p. 76. — Cet hôtel, devenu de nos jours le siège de la *Distillerie Joanne*, garde la suscription légèrement modifiée : *Hostel cy-devant du Président de Nesmond*.

prodigalités; mais il s'était fait assez d'amis au temps de sa prospérité pour qu'une fois arrêté & dépouillé de ses dignités ce comptable des deniers publics trouvât dans la complaisance des mœurs du temps une excuse indulgente pour ses dilapidations.

Après l'esclandre qui l'avait chassée de l'hôtel de Sens, la reine Marguerite vint habiter son nouveau palais, à l'angle de la rue de Seine & du quai. Cette magnifique demeure ne subsista pas plus d'une vingtaine d'années. Un plan de Mérian nous la montre, à la date de 1615, avec son principal corps de logis, le double perron descendant au jardin, & le dôme de la chapelle; au delà de la rue des Saints-Pères se prolongeait jusqu'à la rue de Bellechasse un grand jardin dont les allées se coupaient à angle droit. C'est là que la pauvre princesse mourut, en 1615, criblée de dettes. En vain Henri IV lui avait recommandé « de ne plus faire la nuiɛ̃t du jour, & du jour la nuiɛ̃t; de restreindre ses despenses & devenir un peu mesnagere ». — « Au regard du second poinɛ̃t, lui répondit-elle, il m'est du tout impossible, tenant ceste libéralité de ma race. »

Pour communiquer plus aisément avec les religieux qui desservaient sa chapelle, la reine n'avait pas hésité à s'annexer le bout de la rue des Augustins (rue Bonaparte) contigu au quai, & qui ne fut rendu au domaine public qu'après sa mort. Elle n'osa en faire de même rue des Saints-Pères, qu'elle avait à traverser pour gagner son parc.

Ses créanciers, après cinq ans de démarches, obtinrent la mise en vente de tout le domaine. Les nouveaux acquéreurs virent dans les longues allées du parc des rues toutes tracées : ainsi se formèrent les rues de Lille, de Verneuil, de Poitiers, de Bellechasse, une partie de celle de l'Université & le commencement de celle du Bac. Toutes étaient ouvertes vers 1640. La petite chapelle hexagonale que la reine bâtit pour les Augustins, encastrée maintenant dans les bâtiments de l'École des Beaux-Arts, est le seul vestige qui subsiste de ce domaine.

Les Parisiens, qui avaient vu avec grande faveur le parc de la reine, en supportèrent avec peine la disparition; une pasquinade, *La Harangue des estudians, des bourgeois, des nobles de Paris, des pastissiers, des boulangers, etc., aux Es-*

*tats generaulx de la Grenouillère*[1] *tenus en juin 1623*, s'exprime ainsi : « Messieurs, il nous suffira de vous representer que l'honneste promenade des allées de la Royne Marguerite estoit un lieu tellement necessaire pour le divertissement d'ung chascun, qu'à present les villages d'alentour la ville servent de receptacle aux debauches effrenées, comme adulteres, assassinats & voleries; & de faict, vous sçavez trop mieux que, les jours de festes & les dimanches, la populace de Paris se rangeoit par bande en ce parc regretté, les uns discourant d'affaires serieuses & les autres de leurs honnestes affections, puis l'on s'egayoit selon sa fantaisie & son humeur. Là les filous, traisne-espées, rougets, grisons & aultres gens de pareille estoffe n'avoient que faire; mais pasticiers, fruictiers, taverniers, vendeurs de bière & boulangers, pour lesquels j'ay a vous representer le deuil & la perte que nous souffrons en la degradation de ce parc. Premierement nous (les boulangers) y envoyions nos apprentifs vendre les pains molets que nous n'aurions osé vendre en

[1] Aujourd'hui le quai Voltaire.

nos bouticques. Secondement le lieu estant proche de nos maisons, ce nous estoit un second profit, en ce que nos dicts apprentifs n'usoient pas tant de souliers comme ils peuvent faire à courir aux Bons-Hommes de Chaillot, à Gentilly, à Vaugirard . . . »

Dans ce grand rectangle du faubourg Saint-Germain qui va de la rue des Saint-Pères au boulevard des Invalides, de la rue de Varenne au quai, bien des hôtels aristocratiques sollicitent le regard du visiteur, déchus de leur affectation première, mais reconnaissables encore sous les dégradations du temps. L'*hôtel Perrault,* bâti pour un président à la Chambre des Comptes, existe toujours quai Voltaire, n° 9. Il possédait en son temps & possède encore cinq balcons ayant vue sur la Seine, & de belles collections d'art ou d'antiquités exposées dans une vaste galerie. Après la mort du roi Charles II, Louise de Kéroualle, la duchesse de Portsmouth, s'y retira & vécut jusqu'à un âge fort avancé, dissipant sans compter la fortune considérable qu'elle avait acquise au temps de sa faveur.

Quelques pas plus loin, au numéro 27, qui

forme l'angle de la rue de Beaune, s'élève une belle demeure à cinq fenêtres de façade : c'est la maison où se dénoua ce drame éclatant qu'avait été la vie du patriarche de l'Encyclopédie. Fixé depuis vingt ans à Ferney, en compagnie de M^me Denis, qui commençait à s'y ennuyer, il se laissa persuader par la remuante personne de rentrer dans le tourbillon de la vie parisienne. Descendu le 10 février 1778 chez le marquis de *Villette,* il eut à subir, dès le premier jour, des fatigues : réceptions incessantes, répétitions de sa tragédie d'*Irène,* émotions de l'apothéose au Théâtre-Français, peut-être aussi l'abus du café, qui eurent rapidement raison de ses forces. Il succomba dans la nuit du 30 mai 1778.

Rue de Tournon, nous trouvons l'ancienne maison de *Concini,* le maréchal d'Ancre, pillée par la populace après la fin lamentable de l'ex-favori. Une première fois déjà, en septembre 1616, elle avait été dévastée par les partisans du prince de Condé, « quelque diligence que peussent faire M^r de Liancourt (gouverneur de Paris) & le chevalier du guet pour empêcher la canaille acharnée au butin ». Les mutins avaient pris des pièces de bois au Luxembourg alors en construction, & s'en servirent pour rompre les portes du logis. Les serviteurs se sauvèrent par les jardins qui s'étendaient jusqu'à la rue Garancière, & les écuries qui donnaient sur la rue de Vaugirard. Concini confia à Bassompierre qu'il estimait à plus de 200,000 écus les pertes qu'il avait subies dans cette échauffourée.

Confisqué au profit du nouveau favori Luynes, l'hôtel fut revendu par son propriétaire au roi en 1621. Il fut affecté alors, & jusqu'en 1748, à la réception des ambassadeurs. Cet *hôtel des ambaſſadeurs* est aujourd'hui la caserne de la garde républicaine.

Nous ne ferons que passer rue de Vaugirard : que de déceptions, ici, pour nos souvenirs, que de fameuses demeures vainement cherchées ! Qu'est devenu l'hôtel voisin du rempart, où se cachait M^me^ de Maintenon pour dérober au monde l'existence des bâtards du roi ? Et celui de M^me^ de La Fayette, l'amie de M^me^ de Sévigné & de La Rochefoucauld ? Il n'en est guère qu'un seul ici qui réponde à l'appel : celui de *La Trémouille,* au numéro 50.

Rue du Cherche-Midi, l'hôtel des Conseils de guerre a pris la place de celui de la *comteſſe de Verrue,* cette originale épicurienne si connue, grâce à Saint-Simon, sous le nom de *dame de volupté.* D'abord maîtresse du duc de Savoie, elle se lassa d'un amant qui la tenait trop enfermée & se réfugia à Paris. Installée dans notre hôtel, elle sut attirer autour d'elle un cercle de gens d'esprit, d'amis des lettres & de philosophes, tout en formant une collection d'antiquités, de tableaux, & une précieuse bibliothèque. Elle avait composé d'avance sa propre épitaphe :

> *Ci-gît, dans une paix profonde,*
> *Cette* dame de volupté
> *Qui, pour plus grande sûreté,*
> *Fit son paradis dans ce monde.*

Le Ministère de la guerre n'a pas envahi moins de quatre anciens hôtels, plus un couvent : rue Saint-Dominique, les *hôtels de Brienne,* où mourut, sous la Révolution, l'ancien ministre de Louis XVI, & *de Conti,* bâti au XVII^e^ siècle par la duchesse de La Meilleraie-Mazarin, habité ensuite par la princesse de

Conti; rue de l'Université, ceux *d'Aiguillon* & *de Mouchy-Noailles*. Le couvent de Saint-Joseph, enfin, enclavé également dans l'absorbant ministère, n'abrita à l'origine que les joutes toutes pacifiques d'une conversation spirituelle au sein de la bonne compagnie. Un siècle environ après sa fondation par les filles de Saint-Joseph, dont Mme de Montespan fut la protectrice, sinon le modèle tardivement vertueux, la marquise Du Deffant en fut l'hôte durant plus d'un demi-siècle. Tous les causeurs d'esprit passèrent dans le joli appartement tendu de moire avec des nœuds couleur de feu; Saint-Joseph fut un des plus brillants chefs-lieux de l'intelligence. Quiconque n'y était pas venu ne connaissait rien. « Je serais retourné en Angleterre sans avoir l'idée de ce genre d'esprit qui est particulier à votre nation, écrivait à la marquise le chevalier Mac Donald, si je n'avais été à Ferney & à Saint-Joseph. » Dans ce cloître si peu cloîtré, Mmes de Vassé & de Talmont, Mlle Ferrant aussi recevaient grand monde, & le prétendant Charles-Édouard, au temps où il se cachait, put vivre pendant trois ans, allant de l'une chez l'autre, sans s'ennuyer un instant. De l'appartement de M^me de Vassé où il avait passé la journée, on l'introduisait le soir, par un escalier dérobé, chez M^lle Ferrant au fond de l'alcôve, d'où il assistait à la conversation, puis il allait coucher chez la princesse de Talmont, sa maîtresse quadragénaire.

Tout à l'extrémité du respectable faubourg, sur le boulevard des Invalides, le couvent-pensionnat du Sacré-Cœur occupe, entre les rues de Varenne & de Babylone, tout l'emplacement de l'ancien *hôtel de Biron* avec les plus vastes jardins qu'ait possédés Paris. C'est encore un financier (on retrouve ces gens partout), Peirenc de Moras, qui en fut le premier propriétaire. A cette époque de la Régence, tout le quartier n'était qu'une garenne ou *varenne,* où les nouveaux venus pouvaient tailler en plein drap : ils en profitèrent. Peirenc mort, ce fut la duchesse du Maine qui acheta l'hôtel en 1736; &, enfin, Biron, qui le posséda jusqu'à la Révolution. Il avait fait de son parc l'un des plus beaux de France par la variété des fleurs qu'il y cultivait, & voulant, par une fantaisie généreuse de grand seigneur, que chacun pût l'admirer à l'aise, il en avait ouvert l'accès au public du 1er avril au 1er octobre[1]. La Révolution déclara la propriété domaine national, &, moins généreuse que l'ancien régime, elle laissa bien les jardins ouverts, mais moyennant un droit d'entrée. Quelqu'un qui s'était souvenu de la ronde populaire

*Quand Biron voulut danser,* etc.

fit danser à l'hôtel Biron.

Moins heureux fut son voisin, l'*hôtel d'Orsay,* l'un des plus riches de Paris en peintures & sculptures. Les appartements, aux plafonds décorés par Taraval, étaient encombrés de vases antiques & de statues rapportées surtout d'Italie. Cette collection de dieux & de déesses avait

[1] Peu d'années avant la Révolution, en juin 1784, une voyageuse anglaise en montre moins d'admiration : «Nous allâmes voir les jardins du maréchal de Biron. On les dit les plus beaux de Paris, & l'on obtient rarement la permission de les visiter. Ces jardins, tracés à la française, sont d'une régularité désolante. Des arbres plantés en ligne droite, tout près les uns des autres; çà & là, des parterres encadrés symétriquement de pots de fleurs; quelques bassins à jets d'eau avec une statue au milieu; beaucoup d'orangers & de citronniers en caisse. Somme toute, il règne dans ces jardins, quoique très vastes, une triste uniformité.» (*Journal de Mme Cradock.* — Voyage en France [1783-1786]. Paris, 1896, p. 49.)

coûté à M. d'Orsay quatre millions : en septembre 1791, elle fut mise en vente & recueillie dans les salles du Louvre ou le jardin des Tuileries. L'hôtel d'Orsay vit bien danser aussi dans ses salons, dans ses jardins, sur sa magnifique terrasse de la rue de Babylone, puis la déchéance vint, rapide : l'hôtel fut changé en pensionnat, enfin en bazar. Vers 1840, il disparut en partie devant le percement de nouvelles rues.

Sous la Restauration, le bizarre Armand Séguin, ancien fournisseur des armées sous la République & l'Empire, y avait donné libre jeu à ses excentricités; les plaisants sont allés jusqu'à en faire des contes bien peu croyables, mais qui suffisent à caractériser l'impression que laissait le personnage. Fort riche & non moins désœuvré, il donnait, raconte-t-on, dans son parc, de grandes fêtes auxquelles assistaient indistinctement tous les curieux de la ville & de la campagne. Un jour, il imagina de terminer le divertissement par un feu d'artifice dont les fusées étaient disposées horizontalement; en prenant feu, elles vinrent frapper au visage les premiers spectateurs & mirent en fuite les autres qui tombèrent dans des chausse-trapes masquées par des fleurs. Il avait également la manie d'acheter de très beaux chevaux qu'il laissait s'ébattre librement dans le parc. Napoléon, qui en avait remarqué quatre, les lui fit demander à plusieurs reprises, & finit par envoyer un agent chargé d'en prendre livraison. Séguin, qui refusait de les vendre, descendit à ses écuries & tua les quatre bêtes de sa main; désignant alors au messager impérial les cadavres, il lui déclara qu'il était libre de les emporter!

Ici, à l'extrémité du Pré-aux-Clercs, il n'y avait qu'un désert encore à la fin du XVII^e siècle; puis le reflux de la population, qui se portait à ce moment vers l'ouest de Paris & la route de Versailles, commença à y jeter des couvents, des hôtels, des rues : sans méthode encore & sans alignement, il est vrai, chacun bâtit à sa fantaisie. Dans les dernières années de Louis XIV, l'architecte Boffrand éleva en bordure de la Grenouillère, qui formait le prolongement du quai d'Orsay, tour à tour deux beaux hôtels, l'un qui s'ouvrait sur la nouvelle rue de Bourbon (rue de Lille), pour

Torcy, le négociateur des traités d'Utrecht & de Rastadt, & dont Saint-Simon parle si favorablement[1]; puis, juste à côté, une autre demeure pour Seignelay, cousin de Torcy. Ils étaient encore bien isolés : la princesse de Conti vint se joindre à eux, fuyant sa famille avec laquelle elle était toujours en dissension. « Il y avoit souvent des scènes entre M. le prince & Mme la princesse de Conti, laquelle ne s'en contraignoit guère & qui lui disoit devant le monde qu'il n'avoit que faire de vouloir tant montrer son autorité sur elle, parce qu'il étoit bon qu'il sût qu'il ne pouvoit pas faire un prince du sang sans elle, au lieu qu'elle en pouvoit faire un sans lui[2]. » Elle voulut avoir son hôtel bien à elle, loin des Conti, qui habitaient sur la rive gauche, en face du Louvre; puis sa mobilité d'esprit l'arrêta au cours de l'entreprise, & la nouvelle demeure fut vendue inachevée, en 1716, au duc du Maine.

Ces premiers arrivants firent école, &, en 1720, la duchesse de Bourbon, qui possédait

(1) Voir les *Mémoires*, passim.

(2) *Mémoires*, édition Chéruel, t. XIII, p. 422.

de vastes terrains jusqu'aux marais des Invalides, voulut y élever un palais au bord du fleuve. Le site était retiré, mais point trop éloigné de la ville, & magnifiquement exposé en vue du rideau de verdure des Tuileries & des Champs-Élysées : un pont déjà projeté promettait une communication aisée avec la place Louis XV. Inspirée par ce Lassey, son amant, dont parle Saint Simon[1], elle lui céda, pour le garder dans son voisinage, une portion de son terrain. Tandis que le Palais-Bourbon, bordé au nord par une terrasse qui dominait le fleuve, au sud par un élégant portique ouvrant sur une vaste cour d'honneur, s'achevait, luxueux, vaste & confortable, sans dépasser, il est vrai, la hauteur du rez-de-chaussée, Lassey, de son côté, commençait son propre hôtel dans le même alignement & sur des plans identiques. Les deux demeures une fois terminées, on établit entre

[1] Voir les *Mémoires*, édit. Chéruel, t. IX, p. 98 : « Avec un visage de singe, il était parfaitement bien fait. Il plut à Madame la Duchesse... la liaison entre eux se fit la plus intime & la plus étrangement publique. Il devint à visage découvert le maître de Madame la Duchesse & le directeur de toutes ses affaires. »

elles, au moyen d'une porte secrète & d'une galerie souterraine, une communication permanente. Lassey, qui n'avait pas d'enfant, dota sa nièce «belle comme le jour, à qui il donna prodigieusement pour épouser le fils du duc de Villars-Brancas, dont la noce se fit chez M^me la Duchesse»[1].

Le Palais-Bourbon passa par héritage au prince de Condé, qui le préféra à l'ancien hôtel familial, un peu resserré entre les rues des Fossés (auj. Monsieur-le-Prince), de Vaugirard & de Condé. Trop exigu, il est vrai, pour loger le prince avec sa nombreuse cour : gentilshommes, aides de camp, écuyers, il fut agrandi de l'hôtel voisin de Brancas, & les travaux durèrent de 1765 à 1777.

La Révolution, qui chassa tous les Condés, affecta aux assemblées législatives le Palais-Bourbon, devenu bien national; l'Empire en remplaça l'ancienne façade par le péristyle actuel qui donne sur le pont de la Concorde.

La Restauration s'empressa naturellement de rendre au prince de Condé la propriété de

[1] Ouvrage déjà cité, p. 99.

son palais, mais en laissant la jouissance de cet immeuble à la Chambre des Députés moyennant un loyer de 154,000 francs : situation précaire, mais qui dura cependant de longues années. En 1827, puis en 1843, deux lois successives ordonnèrent l'achat du Palais-Bourbon pour le compte de l'État, qui s'empressa de reconstruire la salle des séances. Quant à la présidence, elle se promena longtemps de côté & d'autre : d'abord à l'hôtel de Trévise, rue de Lille, puis à la place Vendôme jusqu'en 1843, où l'acte d'achat, conclu la même année, lui assigna l'ancien hôtel de Lassey.

Arrêtons-nous un instant sur le quai voisin, avant de repasser la rivière : notre dernière station aura pour objet l'hôtel, à la fois élégant & prétentieux, qu'un petit prince allemand, *Frédéric de Salm*, fit bâtir peu d'années avant la Révolution; il devint, en 1802, le palais de la Légion d'honneur.

Ce principicule avait tous les goûts & se permettait toutes les folies. S'ennuyant dans ses États, il était venu les manger à Paris. « Le Salm est ici, cherchant à tout vendre & à *piaffer*[1], écrivait en août 1786 la marquise de Créqui à Sénac de Meilhan; le baron de Breteuil soutient qu'il n'en a pas pour deux ans & que l'hôpital sera sa fin. » En attendant, « le Salm » voulait se donner un hôtel, dernière fantaisie, & fit bâtir le nôtre : il n'eut guère que le temps d'y pendre la crémaillère, dans une fête qui fut une cohue. La moitié de Paris accourut y étouffer l'autre. Le comte Al. de Tilly, dans ses Mémoires, en parle ainsi : « Il y avait tant de gens que le prince lui-même ne connaissait pas, qu'il me dit plaisamment : Beaucoup de personnes qui sont ici peuvent me croire aussi invité au bal. » L'année d'après, l'architecte gardait l'hôtel pour se payer, & le prince n'en était plus que le locataire. Survint la Révolution &, comme plus d'un grand seigneur ruiné, il prit parti pour elle : beau dévouement qui ne l'empêcha pas d'en devenir, trois ans après, une des sanglantes victimes.

De la hauteur au sommet de laquelle s'élève

[1] *Piaffe*, étalage bruyant de faste dans le but de frapper les yeux & d'en imposer à l'imagination de la foule. Voir Littré.

l'Arc de Triomphe, le regard du spectateur, lorsqu'il se tourne vers la ville, découvre une large avenue dont les lignes verdoyantes descendent en pente douce jusqu'à la place de la Concorde & se confondent avec les arbres des Tuileries. Louis XIV, déjà, avait apprécié les avantages d'un pareil site & ordonné d'en faire disparaître les marais; des allées d'ormes en prirent la place, les massifs furent semés de gazons & les chemins se dirigeant sur le Roule, le faubourg Saint-Honoré & Chaillot devinrent de belles avenues. Ce progrès fut le seul pour longtemps; la faveur de la cour, & de la bourgeoisie qui en suivait la mode, allait toujours au Cours-la-Reine, mis en vogue par Marie de Médicis. C'est en 1776, enfin, que la vogue se reporta sur les Champs-Élysées : ils « sont très beaux & commencent à attirer le public », dirent cette année pour la première fois les *Mémoires secrets* de Bachaumont; & les amateurs de sites champêtres y élevèrent leurs premiers hôtels.

Sur cette vaste région encore improductive s'étendaient la *Chartreuse* & le *Jardin Beaujon.* Le fameux fermier général avait rêvé d'y créer des lieux enchantés; il sema sur ce terrain des millions, comptant qu'il en surgirait des merveilles : il n'y poussa que des *folies*. Aujourd'hui un quartier s'élève à leur place, avec les rues Chateaubriand, Balzac, du Bel-Respiro. Cependant la trace qu'a laissée ici le financier en vaut mainte autre : l'hôpital, bâti en 1780 par Girardin, subsiste toujours avec sa chapelle, spécimen moins religieux que profane de l'architecture du temps, à l'angle de la rue Balzac & du faubourg Saint-Honoré. Cette chapelle, au temps de Beaujon, avait pour annexe, doit-on dire, pour *sacristie* «une salle de bains & un joli appartement de petite maîtresse» faisant corps avec le *pavillon de la Chartreuse* qu'habitait le maître lui-même.

Sur ce même terrain, à l'angle des Champs-Élysées & de la rue La Boëtie, nous retrouvons encore les souvenirs & tout un logis de l'époque : c'est la *petite maison* que le comte d'Artois fit bâtir pour M^lle Contat; la charmante comédienne l'habita jusqu'au jour où, devenue M^me de Parny, elle émigra dans la rue de Provence. Le Ministre des affaires étrangères d'Italie, Marescalchi, vint ensuite l'habiter, d'où son nom d'*hôtel d'Italie* qu'elle porte sur des plans contemporains. Elle est encore intacte avec sa terrasse sur les bas côtés de la promenade, son rez-de-chaussée à perron fermé de hautes portes à persiennes. A voir cette demeure, nous comprenons ce qu'étaient les Champs-Elysées en 1780, & comment les architectes y entendaient les habitations : on y bâtissait, non comme à la ville, mais comme à la campagne.

Plus loin, à l'angle de la place de la Concorde, cette maison a sa pareille, bien que dans des proportions plus vastes : c'est l'*hôtel de La Reynière* affecté aujourd'hui au *Cercle de l'Union artistique;* même terrasse basse défendue par un simple mur à hauteur d'appui, même aspect extérieur. C'est encore un fermier général, Grimod de La Reynière, qui l'a bâti, & il ne l'avait pas terminé en 1770. L'information nous vient de Mme de Genlis, qui déclare y être venue pour assister d'une fenêtre au feu d'artifice tiré sur la place Louis XV [1], le 30 mai de cette année-là, lors du mariage du Dauphin avec l'archiduchesse Marie-Antoinette. On sait que la fête

[1] Ce n'était encore qu'un terrain boueux coupé par des sentiers de piétons.

tourna en catastrophe : les curieux, entraînés par les remous de la foule, furent étouffés par centaines, écrasés sous les pieds des chevaux ou précipités dans les fossés où l'on commençait à élever les fondements du Garde-Meubles, devenu plus tard le Ministère de la marine. On faisait très grande chère dans cet hôtel de La Reynière qui était, disait-on, la meilleure auberge des gens de qualité. La baronne d'Oberkirch, qui le visita au temps de sa splendeur, en raconte des merveilles : « On ne peut, dit elle, se figurer sans les avoir vus ce que sont ces appartements. Quelle recherche ! quelle coquetterie ! les cabinets de toute sorte, les niches, les draperies, les porcelaines, enfin une véritable curiosité. Nous y restâmes deux heures, & nous n'en avons pas vu la moitié. »

Nous venons de nommer le Garde-Meubles : il était bordé, au milieu du XVIIIe siècle, par un sentier de piétons devenu bientôt une rue à laquelle le ministre Phélipeaux, comte de Saint-Florentin, donna son nom ; dès l'année 1767, le grand seigneur en marqua l'entrée en faisant élever par l'architecte Chalgrin le vaste & somptueux hôtel qui porte aujourd'hui le n° 2, & il y donna des fêtes dignes de sa frivolité. Comme ministre de Louis XV, toujours de l'avis du maître, il sut s'éterniser au pouvoir, où il gouverna surtout à force de lettres de cachet : il semblait que sa spécialité fût devenue d'annoncer à ses collègues leur renvoi. A la mort de Louis XV, il finit par apprendre lui-même le sien. Ce changement de fortune influa sur la destinée de l'hôtel : vers 1776, celui-ci était la propriété du duc de Fitz-James, qui le revendit, à la fin de 1787, au duc de l'Infantado. Vint la Révolution, qui ne présageait rien de bon au grand seigneur étranger : il quitta la France. La Terreur installa à sa place la fabrique de salpêtre de la section des Tuileries; enfin un nouveau propriétaire, survenu avec le rétablissement de l'ordre, le marquis d'Hervas, vendit en 1812 la maison à Talleyrand.

Le prélat-diplomate, nommé ministre des relations extérieures, l'habitait dès le 18 brumaire : il y avait épousé M^lle^ Grand, avec laquelle il vivait publiquement depuis son retour en France. Napoléon fit sa fortune : cela ne l'empêcha pas, dès 1813, d'abandonner l'empereur pour se mettre en relations avec les Bourbons. En 1814, il sut décider l'empereur Alexandre à venir habiter son hôtel : c'est là que fut décidé le retour de Louis XVIII, & la Charte y fut élaborée, non sans que M^me de Staël y dît son mot. Talleyrand mort en mai 1838, le salon politique qu'il y avait ouvert continua à briller sous l'égide de la princesse de Lieven; mais, cette fois, c'était M. Guizot lui-même qui en faisait les honneurs.

Aujourd'hui, l'illustre demeure, bâtie jadis sur des terrains appartenant au fermier général Sam. Bernard, est la propriété du baron de Rothschild : singulier caprice de la destinée, qui laisse deux financiers présider à l'aurore comme à l'apogée de son histoire.

Au palais de l'Élysée nous retrouvons encore Beaujon & son luxe; il en fut propriétaire durant treize ans, de 1773 à 1786, & contribua largement, par ses embellissements, à en faire ce qu'il est aujourd'hui.

Dès 1718, à une époque où l'on trouvait à peine une maison dans le faubourg, le comte d'Evreux en avait élevé les premiers bâtiments.

Ces coûteuses constructions & les fêtes où «il traitait hautement», comme colonel, les officiers de son régiment, eurent bientôt raison de la magnifique dot que lui avait apportée la fille du traitant Crozat. L'hôtel passa aux mains de la marquise de Pompadour, qui jamais n'abusa plus magnifiquement de ses richesses & de son crédit. Pour agrandir ses jardins, elle usurpa sur les Champs-Elysées toute la partie qui termine en hémicycle le jardin du palais, interrompant brusquement l'alignement de l'avenue Gabriel. Après la marquise, le domaine appartint à Beaujon, mais le terrain usurpé ne fut pas rendu; puis la propriété fut achetée par le roi pour la réception des ambassadeurs extraordinaires.

Tout le faubourg, qui est une création du XVIII^e siècle, abonde en souvenirs contemporains : ici les habitations historiques se suivent presque en enfilade. Au numéro 51, c'est le charmant hôtel bâti en 1772 par Boullée pour la marquise de Brunoy. En dépit de l'apparence un peu mythologique que lui donnent les colonnes ioniques de sa façade sur le jardin, il n'a rien perdu de sa physionomie élégante. L'*hôtel de Charost*, au temps de Louis XV, est aujourd'hui celui de l'ambassade anglaise. Les deux hôtels voisins comptent parmi les plus anciens du faubourg; tous deux, comme l'Élysée, ont été bâtis en 1718, l'un pour le président Chevalier, l'autre pour sa sœur, Mme Le Vieux, maîtresse de Fonsange le Mousquetaire, qui la ruina, & femme de ce financier qui, lui, ruina les hôpitaux.

Vers 1775, la chaussée de M. le duc d'Antin[1], à peine échappée aux marais du *chemin de l'Hôtel-Dieu,* était encore bien peu habitée; l'époque était éminemment favorable à un achat de terrains dans des conditions avantageuses. C'était la mode d'alors d'y venir loger, & comme les gens de finance, en même temps que ceux de plaisir, sont toujours des premiers à s'établir dans des quartiers neufs, les petites maisons galantes ne cessèrent, durant les dix ou quinze années qui précédèrent la Révolution, de s'échelonner sur cette voie qui allait de l'entrée du boulevard au *chemin des Porcherons*[2], Ce Paris

[1] C'est ce grand seigneur, bâtard du roi & de la marquise de Montespan, qui l'ouvrit sur la vaste région que possédait de ce côté l'Hôtel-Dieu.

[2] La rue Saint-Lazare.

de Louis XVI, il est vrai, n'a pas eu longue durée : les bouleversements successifs l'emportèrent promptement. Où retrouver aujourd'hui les habitations de la Guimard qui y vint des premières, de la Duthé qui la suivit, de M^lle^ Dervieux qui se fit bâtir, au numéro 34, une charmante maison dont « l'ameublement seul valait la rançon d'un roi » ?

Il n'y avait pas que des filles d'Opéra : M^me^ d'Épinay quitta son habitation de la rue Sainte-Anne, voisine de celle de Lulli (1), pour

(1) La maison de Lulli, située à l'angle sud-ouest des rues Sainte-Anne & des Petits-Champs, compte aujourd'hui encore quatorze fenêtres de façade, cinq sur une rue, neuf sur l'autre, toutes encadrées de pilastres & couronnées de sculptures figurant des masques comiques ou des attributs de la musique : c'était l'une des plus belles du quartier. Lulli en laissa par testament la jouissance viagère à son beau-père, le vieux compositeur Lambert, encore fameux au temps de Boileau, qui lui donne une place dans son *Festin ridicule*. A l'angle opposé s'élevait le magnifique hôtel de la comtesse Du Barry, qu'elle vint habiter quand la mort de Louis XV lui rouvrit l'accès de Paris. Jadis elle avait habité rue de la Jussienne, n° 16. Son beau-frère Du Barry, le roué, lui écrivait de la province où l'exilait son passé : « Je suis également, pour la fortune, au-dessus de ce que vous m'avez vu rue de la Jussienne & au-dessous de ce que j'aurais pu devenir dans la rue des Petits-Champs. »

venir avec Grimm se loger au coin de la Chaussée & du boulevard, dans cet hôtel où Mozart, chassé par la mort de sa mère de l'auberge des *Quatre-Fils-Aymon*[1], fut si heureux, en 1778, de recevoir leur hospitalité. Cet hôtel, où l'artiste passa cinq mois, faisait presque face à celui dont beaucoup plus tard Rossini, à l'autre angle du boulevard, habita longtemps le premier étage. Que reste-t-il de toutes ces maisons historiques? Leur disparition a devancé le bouleversement du quartier tout entier. Savons-nous où s'élevait la belle demeure qu'édifia en 1772 *M. de Montmorency* à ce même angle du boulevard? la pharmacie Planche, officine natale du célèbre critique, en occupait le rez-de-chaussée.

*L'hôtel de M^me de Monteſſon*, duchesse d'Orléans anonyme, se trouvait au milieu de la chaussée d'Antin; la *cité* occupe aujourd'hui tout l'emplacement de la maison & des jardins; on peut juger de leur étendue. Avec la marquise qui y avait son théâtre, c'est la comédie que nous

[1] Cette auberge des *Quatre-Fils-Aymon*, où Mozart vit mourir sa mère en juillet 1778, était située rue du Gros-Chenet (partie actuelle de la rue du Sentier entre les rues de Cléry & des Jeûneurs), en face de la rue du Croissant.

trouvons ici; avec le prince de Schwarzenberg qui, sous l'Empire, y établit le siège de l'ambassade d'Autriche, c'est la tragédie de la fête offerte en 1810 à l'empereur & à la nouvelle impératrice, & de l'incendie qui en fut le terrible dénouement.

Mlle Volland, l'amie, la correspondante de Diderot, avait été, rue Sainte-Anne, la voisine de Mme d'Épinay; elle aussi quitta la butte des Moulins & vint habiter, non pas dans la chaussée d'Antin, mais quelques pas plus loin, au chemin des Porcherons, une maison qui évoque le souvenir de la bourgeoisie parisienne au temps de Charles VII : l'*hôtel des Porcherons* ou *du Coq*. Vers 1460, c'était une élégante maison de plaisance que possédait en pleine campagne Jean Bureau, le grand maître de l'artillerie royale & l'un des champions de l'indépendance nationale à la fin de la guerre des Anglais. Ce domaine, J. Bureau le tenait de Hugues le Coq, qui avait été prévôt des marchands quarante ans auparavant. Seule l'avenue du Coq, rue Saint-Lazare, rappelle à notre génération cet antique «hostel des esbattemens» dont elle a pris la place.

Le *pavillon de Hanovre* est la dernière vignette historique qui illustre le coin du boulevard; bien que modifié, enterré par la base & rehaussé d'un étage, nous avons là un curieux spécimen de l'architecture parisienne aux dernières années de Louis XIV & c'est au maréchal de Richelieu que nous en sommes redevables. Au retour de sa campagne du Hanovre, où il s'était enrichi de tout ce qui avait manqué à ses soldats & de ce que ceux-ci avaient pillé sur l'ennemi, l'élégant viveur prétendait donner à son hôtel, qui s'étendait de la rue Saint-Augustin jusqu'au boulevard[1], une vue sur le rempart : c'est à ce caprice que nous devons le gracieux pavillon. Le peuple murmura bien un peu & baptisa la nouvelle construction du nom de la contrée d'où le maréchal avait notoirement rapporté ses ressources. Dans les salons du premier étage, Richelieu donnait ses soupers fins; au rez-de-chaussée, une belle salle était décorée de deux chefs-d'œuvre de Michel-Ange, les *Esclaves,* aujourd'hui au Louvre.

Tout ce côté du boulevard ne formait, à vrai

[1] Il avait quitté, pour cette nouvelle demeure, la vieille maison patrimoniale de la place Royale.

dire, qu'une succession d'hôtels, fort beaux pour la plupart, qui y prenaient vue soit par leurs façades, soit par leurs terrasses[1]. L'*hôtel de Lévis* avait remplacé, en 1767, l'hôtel de Gramont jeté bas pour le percement de la rue qui lui doit son nom. L'ambassade de Russie s'y établit en 1781, & le grand-duc Paul, qui voyageait sous le nom de «comte du Nord», y descendit.

A quelques pas de là, à l'angle de la rue de Choiseul, s'élevait encore l'*hôtel de Boufflers*. Le brillant Boufflers y demeurait, c'est de là qu'il partit pour l'émigration. A son retour, en 1800, il était trop pauvre pour y rentrer; il s'en consola de son mieux, ainsi que la marquise pour laquelle il avait, & à grand'peine, pu acheter une maison de campagne près de Paris. «C'en est assez, écrivait-il, pour lui faire oublier qu'elle

[1] Voir sur le rempart, c'était là le point important qui avait attiré tant de propriétaires aristocratiques; nous en pourrions nommer bien davantage. Carmontelle, l'auteur comique, dans son proverbe *La maison du boulevard*, justifie cet engouement par la bouche du chevalier. «Je trouve le rempart charmant! on n'a pas besoin de sortir pour voir tout Paris : il vient passer tous les jours sous vos fenêtres.»

a perdu une des plus agréables maisons de Paris, devant laquelle elle passe tous les jours à pied pour aller chez des amis.» C'est sur les dépendances de cet hôtel, à l'angle de la rue de Choiseul & du boulevard, que l'architecte Bonnet éleva, vers 1780, le bazar des *Galeries de fer;* le bazar lui-même fit place, en 1875, au siège social du Crédit lyonnais.

Ce côté du boulevard n'était au reste pas le seul aussi bien habité; dès le milieu du XVIIIe siècle, la ligne opposée vit élever les premiers hôtels de riches propriétaires. Lenormand d'Étioles, un financier qui avait été le mari de la marquise de Pompadour, habitait à l'angle du boulevard qu'occupe aujourd'hui l'hôtel de Russie, une demeure qu'il cherchait à agrandir. Il y menait un train assez dispendieux, grâce à sa passion pour les filles d'Opéra. La marquise eût voulu l'éloigner & lui fit offrir l'ambassade de Constantinople; il préférait cependant le joyeux séjour de Paris, & sa maîtresse, Mlle Raime, décida son refus. Elle avait été danseuse à l'Opéra, &, comme toutes ses pareilles, elle ne se piquait guère de fidélité à son amant. Il est vrai que ce dernier lui rendait bien la pareille, ce qui ne l'empêcha pas d'épouser sa maîtresse après la mort de la marquise, dès 1765. La malignité publique salua ce beau mariage de l'épigramme suivante :

*Pour réparer* miseriam
*Que Pompadour cause à la France,*
*Son mari, plein de confiance,*
*Vient d'épouser* Rem publicam.

Lenormand arrondit son hôtel d'emprunts à des terrains que possédait sur ce territoire de la Grange batelière le financier Crozat dont nous avons rencontré les millions à l'hôtel d'Évreux, que nous rencontrons un peu partout. Ainsi agrandi, cet hôtel était assez vaste pour que Monsieur & Madame pussent vaquer en toute sécurité à leurs infidélités respectives. Pour le luxe, il y était princier tel que l'exigeaient ces danseuses.

Quant à l'autre partie de l'hôtel, il appartenait au duc de Choiseul, gendre du financier. C'est dans cet *hôtel de Choiseul,* distinct de celui de la rue de Richelieu, que le ministre disgracié descendit en 1770 quand il quitta le pouvoir, ruiné mais entouré de la considération publique. Ce second hôtel Choiseul subit le sort du premier : il fut aliéné, & le ministre, qui allait se trouver sans toit, vint habiter l'ancien hôtel du financier Laborde, son protégé au temps de son pouvoir[1]. Les jardins en étaient beaux & vastes : ce sont ceux dont l'emplacement fut morcelé successivement par le tracé des rues d'Artois (Laffitte) & Le Peletier. La façade de ce nouvel hôtel de Choiseul était d'une belle ordonnance, & la porte, monumentale; tel il était encore lorsqu'il fut affecté, en 1820, à l'administration de l'Opéra, & tous ceux qui se rappellent l'imposant édifice dévoré par l'incendie du 27 octobre 1873 ont pu en juger; ce qui en restait a été démoli en 1875, & seul un remarquable fronton des sculpteurs Adam, qui décorait la façade, a été sauvé par M. James de Rothschild. De son ancienne demeure il ne restait rien à M. de Choiseul, que la jouissance perpétuelle d'une loge à l'Opéra[2].

De tous ces hôtels de la Grange batelière, le plus splendide était celui de Daugny, un fermier général naturellement, & qui a laissé de

(1) Voir les *Mémoires* de MARMONTEL, liv. IX.
(2) Voir les *Mémoires* de M<sup></sup>me D'OBERKIRCH, t. II, p. 92.

beaux restes. Sans autre mérite que ses écus, il lui fallait, pour faire bonne figure, une maîtresse : ce fut une médiocre actrice de la Comédie, mais jolie fille, la Baumenard, dite *Gogo*, qu'il choisit. C'était une vraie demeure de prince. Mais Gogo, parvenue au faîte de la prospérité, ne trouva plus digne d'elle le financier auquel elle devait tout, & prétendit aux amours aristocratiques : l'amant qu'elle prit n'avait que son blason pour toute fortune. Quelque temps Gogo le fit vivre aux dépens du pauvre Daugny; puis le pot aux roses fut découvert, & le fermier chassa la fille avec son *guerluchon* [1] — c'était l'expression du temps. Vint la Révolution, qui déposséda le malheureux fermier comme la plupart de ses confrères, le remplaçant par des entrepreneurs de fêtes publiques. Le marquis de Livry y installa le *bal des étrangers*, où l'on jouait, dansait & soupait toujours masqué. Au début, tout marcha fort bien; puis (c'est un curieux opuscule de l'époque, *Paris & ses modes*, qui nous l'apprend), une société des plus mêlées s'y glissa à la faveur

(1) Voir *Paris & ses modes*. Paris, 1803, p. 161.

du masque, qui fit mieux que de s'attaquer aux glaces & aux petits-fours : elle emporta les couverts[1]. La vogue en souffrit. Plus tard, le vicomte Aguado rendit à l'ancien hôtel Daugny une partie de son ancienne splendeur. Aujourd'hui nous y trouvons la mairie du IX^e^ arrondissement.

La rue Cadet elle-même peut revendiquer ses souvenirs historiques. Cette voie, si peu attrayante de nos jours, offrait, il y a un siècle & demi, un caractère semi-champêtre qui engageait plus d'un grand seigneur à s'y créer un pied-à-terre ; le voisinage des Porcherons aussi donnait à cette région un caractère galant qui attirait nombre de filles entretenues. Au numéro 16, les chercheurs trouveront encore les traces d'un *hôtel du prince de Monaco,* qui est devenu le *Grand Orient de France;* au numéro 24 s'élevait une « petite maison » du duc d'Orléans. Collé fait allusion dans son *Journal* à un souper grivois qu'il y fit en octobre 1749[2]. C'est dans

(1) Voir le *Colporteur,* de CHEVRIER, p. 123.

(2) « Le jeudi 16 du courant, je soupai à la petite maison de M. le duc de Chartres, rue Cadet. J'eus l'honneur de souper avec lui, & ce souper, que je faisois par raison ; fut aussi amusant que je comptois qu'il me seroit ennuyeux. »

cette vaste région du faubourg Sainte-Anne — tel qu'il se nommait alors — que M. Papillon de la Ferté, directeur des Menus-Plaisirs du roi, trouva pour son administration tout le terrain nécessaire. Le vaste bâtiment qu'il éleva avait un théâtre où Collé fit jouer ses comédies & ses parades[1]. La scène en servait à la répétition des opéras & ballets qui devaient se jouer à la cour; enfin on y exerçait les protégés & surtout les protégées des seigneurs. Telle est l'origine de la petite salle encore existante, & que Sarrette trouva sous sa main quand il réorganisa, dans l'hôtel voisin, l'*École de déclamation & de chant.* Entre temps, la rue Bergère, qui ne comptait, en 1734, que trois maisons, avait fini par être l'une des rues les mieux habitées. On y remarquait plusieurs hôtels de fermiers généraux —

(1) « Je reçus une lettre d'un M. Coquelet, avocat, qui m'écrivoit de la part de M. le duc de Duras pour nous inviter, ma femme & moi, à nous trouver le 14 à la représentation de *Henri IV* qui a été effectivement donné ce jour-là à l'Hôtel des Menus-Plaisirs du Roi, rue Bergère... Cette représentation sur le théâtre des Menus a eu, au reste, un si prodigieux succès qu'elle a causé une grande fermentation dans le public, qui demande à cor & à cri qu'elle soit jouée à la Comédie. » (Lettre de Collé, mai 1766.)

car ce sont eux, les vrais rois de l'époque, que nous retrouvons partout — dont le plus beau était celui de *Boulainvilliers*, devenu depuis l'*hôtel de Rougemont*, rasé par la rue qui a pris son nom. On y admirait aussi quelques demeures aristocratiques : d'abord celle du marquis de Saint-George, qui la revendit à Mirabeau, «l'ami des hommes», père du grand tribun de 1789; elle appartint ensuite au comte Roger du Nord & enfin au *Comptoir d'Escompte*. La grande compagnie financière la rebâtit de fond en comble en 1879; du reste, c'était un édifice sans aucun caractère artistique, mais avec un certain «air de bonne compagnie» qu'il tenait de son origine. Puis c'étaient celles de Mme de Mirepoix, d'Argental, l'un des *anges* de Voltaire, qui n'avait pas dédaigné de venir habiter un petit hôtel de ce quartier; du marquis de Jaucourt & de la comtesse de Scepaux qui, tous deux, devaient faire quelque bruit plus tard, au temps de la guerre des chouans; enfin celle de Sénac de Meilhan, théâtre de ce souper de faux boutiquiers où se laissa attirer Restif[1].

[1] A l'époque où il avait atteint l'apogée de sa réputation, la haute société elle-même commençait à s'enquérir

De tous ces hôtels somptueux, de tout le luxe & l'art qui les embellissaient, bien peu

de lui & manifestait d'autant plus le désir de rencontrer le romancier qu'il ne se prêtait guère à la curiosité. Il fallait user de subterfuges pour l'attirer au sein de cette société. Un jour de novembre 1789, il reçut une invitation à dîner de Sénac de Meilhan & se rendit chez lui rue Bergère. A 4 heures & demie, tout le monde étant arrivé, on se mit à table. Restif fut placé entre une sorte d'amazone aux mouvements mâles, à la voie haute, au regard assuré, qu'on lui dit être une M^me^ Denis, marchande de mousseline rayée, & une autre dame plus timide ou plus fière, à qui l'on ne donna point de qualité. Les autres convives étaient un petit homme propret en surtout de laine blanche, un beau garçon de 20 à 25 ans, à physionomie ouverte, un troisième un peu boiteux, & deux autres qu'il ne remarqua pas. On causa politique, la marchande de mousseline rayée demanda à diverses reprises : « Que dit le peuple ? » Elle fit beaucoup d'amitiés à Restif & lui demanda la permission d'aller le voir, ce qu'il n'eut garde de refuser. Bref, le repas fut des plus animés. Restif, d'ordinaire renfrogné & taciturne, devint fort éloquent dès qu'on le mit sur le chapitre de ses ouvrages; il charma tout le monde : surtout M^me^ Denis, surtout l'homme à la physionomie ouverte. — Le lendemain, voici le billet qu'il reçut de la part de M. de Meilhan. « M^me^ Denis, marchande de mousseline rayée, est la duchesse de Luynes; l'autre dame est la comtesse de Laval; le beau fils, qui se faisait nommer Nicodème, Mathieu de Montmorency; l'homme un peu boiteux, l'évêque d'Autun; l'homme au surtout blanc, Sieyès. C'est pour vous que cette compagnie est venue, on m'avait chargé de vous inviter. »

subsistent aujourd'hui qui nous rappellent les grandes demeures du XVIIIe siècle à la Grange batelière. Seul l'ancien hôtel Daugny reste comme un témoin de cette brillante époque. Ainsi, partout où nous allons, nous ne rencontrons que quelques noms, à peine quelques pierres mutilées parvenues jusqu'à nous. Chaque génération qui s'élève apporte avec elle de nouvelles aspirations, de nouveaux besoins, & ne peut bâtir à nouveaux frais que sur les ruines de ce qui l'a précédée : poussière vénérable du passé à qui nous devons du moins l'hommage d'un souvenir & d'un regret.

# TABLE DES MATIÈRES.

www.ingramcontent.com/pod-product-compliance
Ingram Content Group UK Ltd.
Pitfield, Milton Keynes, MK11 3LW, UK
UKHW012029240726
13965UKWH00002B/659

9 782013 084345